Auf alten Handelsrouten

Die Autorin

Mechthild Venjakob, am 29. April 1943 in Paderborn geboren, war fünfzehn Jahre als Lehrerin im Schuldienst tätig. Zwei Jahre unterrichtete sie an der Deutschen Schule in Quito, der Hauptstadt Ecuadors. Ende 1980 kündigte sie den Schuldienst und löste ihre Wohnung auf, um sich die nächsten zwanzig Jahre dem Reisen zu widmen. Sie hielt sich überwiegend in asiatischen Ländern auf, aber auch in Australien, Neuseeland, den Vereinigten Staaten, Mittelamerika und Europa. Doch Asien mit seinen alten Kulturen und östlichen Weisheiten erkundete sie am intensivsten. Dort verbrachte sie insgesamt zehn Jahre.

Hilfsarbeiten in Australien, Neuseeland, Alaska, Colorado und England halfen ihr in den ersten zehn Jahren ihres Reiselebens über die Runden. Dann unterrichtete sie Deutsch als Fremdsprache an Instituten in Bremen und Hongkong und 1997 an der Chung-Ang-Universität in Ansong in Südkorea.

Seit 1989 reiste sie mit dem Fahrrad und machte mehrmonatige Radtouren in den USA, Südeuropa und in Asien: Sie radelte durch Indien, Thailand, Laos, Pakistan, Japan und immer wieder trieb es sie durch China. Drei Touren führten über das Qinghai-Tibet-Plateau. Im Jahr 2000 kehrte sie über Land nach Deutschland zurück. In neun Monaten legte sie 12700 Kilometer mit dem Fahrrad zurück und durchquerte dabei die Wüste Gobi in der Mongolei. Ein großartiges „Nomadendasein" ging zu Ende. Sie ließ sich in ihrem Geburtsort Paderborn nieder, um ihre Reiseberichte zu schreiben und über ihr Leben nachzudenken, das fantastischer war als ein Traum, den manch einer träumt.

Mechthild Venjakob

Auf alten Handelsrouten

Fahrradreisen in Indien, Pakistan und China
— entlang der Seidenstraße —

Bibliografische Information der Deutschen Nationalbibliothek:
Die Deutsche Nationalbibliothek verzeichnet diese Publikation in der Deutschen Nationalbiografie; detaillierte bibliografische Daten sind im Internet über http://dnb.d-nb.de abrufbar.

© 2016 – Mechthild Venjakob
(www.asienreise-indien-china.com)
Umschlagfoto: Der Passu-Gletscher, Karakorum Highway, Pakistan
Fotos und Layout: Mechthild Venjakob

Herstellung und Verlag:
BoD – Books on Demand, Norderstedt

ISBN 9783741207259
Dieses Buch ist auch als E-Book erschienen.

Inhalt

Vorwort   7

Indien

Gastfreundschaft in Gujarat

Chaotische Fahrt von Mumbai nach Bhiwandi	9
Auf ruhigen Straßen nach Nashik	13
Auf Irrwegen nach Rajpipla	15
Über Champaner-Pavagadh nach Rajasthan	24

Rajasthan – im Land der Rajputen

Udaipur, die Stadt der Seen und Paläste	29
Über Ranakpur und Ajmer nach Pushkar	33
Über Shekawati nach Jaipur durch die Wüste Thar	39

Im indischen Himalaja

Von Delhi ins höchste Gebirge der Welt	47
Pilgerorte und heilige Stätten auf dem Weg nach Pakistan	55

Pakistan

Über Lahore nach Islamabad und Taxila   63

Der Karakorum Highway: von Rawalpindi zum Khunjerab-Pass

Der Karakorum Highway	69
Durch das „wilde Kohistan" nach Gilgit	71
Im Hunza-Tal	73
In den Gletschertälern der Passu- und Batura-Berge	79
Aufstieg zum 4733 Meter hohen Khunjerab-Pass	89

China

Der Karakorum Highway: vom Khunjerab-Pass nach Kashgar

Tashkurgan – am westlichen Ende eines Riesenreichs	93
Am Muztagh Ata, dem „Vater der Eisberge", und am Karakul-See	97
Kashgar, Hauptstadt der Uiguren in Xinjiang	101

Auf der Südroute um die Taklamakan-Wüste

Durst, Wind und ein lädierter Reifen	105
Hotan (Khotan, Hetian), die Stadt der Jade	107
In der tiefsten Wüste	111
Der lange Weg nach Norden	119

Auf der Nordroute um die Taklamakan-Wüste

Von Ürümqi über Hami nach Dunhuang	123
Von Dunhuang über Jiayuguan nach Zhangje	125
Durch das Qilian-Gebirge nach Xining	131

Gelbes Land am Gelben Fluss

Von Xining über Lanzhou nach Dingxi	133
Von Dingxi über Pinglian nach Xi'an	137
Xi'an, uralte Kaiserstadt und östliches Ende der Seidenstraße	139

Anhang

Die Routen im Überblick	146
Dank	151
Weitere Bücher	152

Vorwort

Ein ruhiger Tag nach wochenlangem Stress brach an, ein Tag ohne Pflichten und Aufgaben. Wir hatten unsere Arbeitsverhältnisse beendet, unser möbliertes Zimmer aufgelöst, die Kisten im Keller meines Bruders verstaut, unser Reisegepäck zusammengestellt, die Campingausrüstung vervollständigt, das Visum für Indien besorgt und eine Abschiedsfete gefeiert. Einige unserer Freunde waren von auswärts gekommen und ein paar Tage geblieben. Es war der ungünstigste Zeitpunkt für Besuche gewesen, denn unsere Reisevorbereitungen waren in vollem Gang. Tausende Dinge hatten wir erledigt. Jetzt waren die Fahrräder bepackt und mit Rückenwind radelten wir aus Bremen hinaus.

David hatte ich 1987 in Aspen, Colorado, in den USA kennengelernt. Er, gebürtiger Engländer mit amerikanischer Staatsbürgerschaft, arbeitete gerade als Tellerwäscher in einem kleinen Restaurant und ich putzte die Häuser der Reichen, um mein Reisebudget aufzufrischen. Wir verliebten uns ineinander, arbeiteten den Winter über in Aspen und starteten im Frühjahr eine neunmonatige Fahrradtour durch die USA. Anschließend flogen wir nach Amsterdam. Wir arbeiteten in England und Deutschland und eine zweite gemeinsame Fahrradtour führte uns durch Italien, Sizilien und Griechenland. Nach einer Phase des Geldverdienens stand jetzt die dritte Reise an: Wir wollten durch Indien, Pakistan und China radeln. Besonders der Karakorum Highway, eine Bergstraße, die Pakistan mit China verbindet, erregte unser Interesse. Sie führt über den 4700 Meter hohen Khunjerab-Pass.

Ich hatte bereits viele asiatische Länder in den Achtzigerjahren bereist, Indien, Nepal, Thailand, Südostasien, China, Japan. Damals war ich mit öffentlichen Verkehrsmitteln unterwegs gewesen und hatte viele der großen Sehenswürdigkeiten in den jeweiligen Ländern besucht. Eine Fahrradtour würde nun neue Perspektiven eröffnen: Wir würden die in Reiseführern nicht erwähnten Regionen außerhalb der Touristenziele entdecken. Eine Reise ins Ungewisse stand bevor. Für David war Asien Neuland.

Mit der holländischen Fluggesellschaft KLM ging unser Flug von Hamburg über Amsterdam nach Mumbai. Am KLM-Schalter in Hamburg kauften wir zwei große Kartons für die Fahrräder. Wir mussten nur die Lenker und die Pedale umdrehen, damit die Räder hineinpassten. Glücklich schoben wir die Fracht zum Schalter, gaben unser Gepäck ab und mussten für das Übergewicht von je zwanzig Kilogramm nichts zuzahlen.

Straßenleben in Bhiwandi, Gujarat

Indien

Gastfreundschaft in Gujarat
855 Kilometer mit dem Fahrrad

Chaotische Fahrt von Mumbai nach Bhiwandi

Kurz vor Mitternacht landet die Maschine in Mumbai, dem damaligen Bombay. Nachdem wir über zwei Stunden beim Zoll zugebracht haben, baut David in der grauen Ankunftshalle unsere Fahrräder zusammen. Sofort sind wir umringt von neugierigen Indern. Sie finden die Gangschaltungen phänomenal und probieren sie aus, klicken und schalten. Draußen drücken sich einige Leute die Nasen an der Scheibe platt. Die Halle darf nur betreten, wer im Besitz eines Flugscheins ist. Soldaten bewachen die Eingänge.

Wir radeln zur Abflugshalle hinauf und trinken dort unseren ersten Chai, den stark gesüßten indischen Milchtee. Das heiße Getränk wird mit Kardamom gewürzt und in kleinen Gläsern gereicht. In einer Ecke der Halle breiten wir unsere Matten aus und versuchen etwas zu schlafen.

Am Morgen hole ich heißes Wasser aus einem Restaurant. Wir bereiten uns einen starken Nescafé zu, der die Müdigkeit aus den Gliedern vertreiben soll, denn unsere große Radtour von Indien über Pakistan nach China beginnt. Wir befinden uns 27 Kilometer nördlich des Zentrums und wollen möglichst schnell aufs Land. In die Millionenstadt trauen wir uns mit unseren Fahrrädern wegen des Verkehrs nicht hinein.

Die Sonne strahlt. Die Temperatur von 24 Grad Celsius ist angenehm, jetzt, Anfang Februar. Wir verlassen den schützenden Flughafen.

Die Straße ist ruhig – bis zur Kreuzung. Abrupt werden wir in das Verkehrsgetümmel der Hauptstraße gespült: Lkws, Pkws, Taxis, Motorrikschas, Ochsenkarren, Motorroller und Fahrradfahrer lavieren an den vielen Fußgängern vorbei, die an die Seite gedrängt werden. Staub, Abgase und ein Höllenlärm erfüllen die Luft. Am unbefestigten Straßenrand ziehen sich Hütten hin, Verschläge, Häuser und Häuschen. Straßenverkäufer und Stände stehen im Weg. Wer überholen will, hupt oder klingelt. Überholen wollen alle, und so klingelt und hupt jeder am laufenden Band. Der Verkehr flutet reibungslos. Ohne Aggressionen reagieren alle schnell. David fährt forsch voran, ich bin sehr vorsichtig und schiebe manchmal. Immer wieder stauen sich Fahrzeuge und Fußgänger. Dann stehen alle.

Wir biegen auf eine ruhigere Nebenstrecke ab, die in einem Armenviertel endet. Freundlich weist uns ein Mann den Weg zurück. Mittlerweile ist es heiß geworden. Schwitzend erreichen wir endlich die Ausfallstraße nach Nashik und Indore und der Verkehr lässt ein wenig nach.

In Bhiwandi, noch gut eine Fahrstunde entfernt, wollen wir ein Hotel suchen, um uns von dem langen Flug, der kurzen Nacht und der Zeitverschiebung zu erholen. Je näher wir unserem heutigen Ziel kommen, umso dichter wird der Verkehr – alles wie gehabt! Wir drohen, im tosenden Wirrwarr unterzugehen. In Bhiwandi, einem kleinen Ort, finden wir kein besseres Hotel. Wir müssen mit einer Absteige vorliebnehmen und werden gnadenlos und ohne Eingewöhnungsphase in das indische Leben geworfen.

Wir schleppen unser Gepäck durch enge Gänge eine Treppe hoch in ein kleines, finsteres und schmutziges Zimmer mit schmutzigem Bad. Ich gucke in Davids erschöpftes Gesicht und fühle mich nicht besser. Das Wasser ist abgestellt. Wir gehen essen. Im Restaurant neben der Lodge werden wir freundlich bedient. Der Wirt stellt uns unser erstes Curry auf den Tisch, eine mit Chili scharf gewürzte und mit Kreuzkümmel und Kurkuma verfeinerte Bohnenpaste, und einen Teller Fladenbrote, Chapati genannt. Wir zerreißen die Chapati und tunken sie ins Curry. Gabel und Messer gibt es nicht. Inder benutzen die Finger und so bekommt das Essen für uns eine neue Qualität. Wir spüren die Konsistenz des Fladenbrots zwischen den Fingern und die Wärme des Bohnencurrys an den Fingerkuppen. Das Auge isst mit und in Indien isst auch die Hand mit. Wie wir als Kinder den Umgang mit Messer und Gabel erlernen, erlernen die Inder die Kunst, den Reis zu Bällchen zu formen, bevor sie ihn verzehren. In allen Restaurants gibt es ein Waschbecken, wo der Gast sich vor und nach dem Mahl die Hände wäscht.

Zurückgekehrt ins Hotel, gibt es endlich die ersehnte, wohltuende, aber kalte Dusche. Vom Erdgeschoss tönt die Alarmanlage herauf. David hat sie selbst konzipiert, gebaut und am Rahmen angebracht, wie auch die Solarzellen auf seinem Lenker, die Batterien und Akkus aufladen sollen. Wir laufen hinunter. Ein Mann steht vor unseren Rädern und probiert die Gangschaltung aus. Er schaltet hinauf und hinunter. Wir tragen die Räder die Treppe hoch und quetschen sie neben die Betten in den engen Raum, um nicht mehr gestört zu werden. — Heute haben wir viel, viel Staub geschluckt.

In Bhiwandi, einer hässlichen Industriestadt, vermischt sich das Klacken der Webstühle in den vielen Webereien mit dem Verkehrslärm in den staubigen Straßen. Die Männer verrichten Schwerstarbeit. Sie befördern riesige Garnrollen auf zweirädrigen Karren. Einer zieht, der andere schiebt. Es fehlen Gäule, Maultiere, Ochsen oder Wasserbüffel, der Mensch wird selbst zum Zugtier.

„Why did you come to Bhiwandi? Here is nothing." Das fragen uns die Inder wiederholt. Stimmt! Hier gibt es nichts! Der Hund ist hier verfroren! Diese unaufgeräumte Stadt bietet keinerlei touristische Attraktionen. Und dennoch, hier erleben wir das indische Leben, wie es sich in allen indischen Städten abspielt. Es ist einmalig auf der Welt! Wir werden nicht müde, immer wieder loszugehen, um uns das Treiben draußen anzugucken. David setzt sich auf die Stufen einer Treppe und kommt aus dem Staunen nicht heraus. Auch mich faszinieren die mit Menschen und Fahrzeugen überbordenden Straßen wie bei meinem Besuch Indiens vor vierzehn Jahren.

Läden reihen sich aneinander, Frucht-, Getränke- und Gemüsestände stehen auf den Erdstreifen, die sich vor den Häusern hinziehen. Obdachlosenverschläge gibt es hier und da, grau, verstaubt, und armselig. Die Fassaden der Häuser bröckeln. Schwammige, grün-dunkle Fetzen blättern ab. Kanalisationsrohre werden gerade gelegt. Die aufgerissenen Seitenstreifen und die Erd- und Steinhaufen daneben vergrößern das Durcheinander. Unrat füllt die Ecken, Papier, Pappe, Gemüsereste, Glas- und Tonscherben, Plastikbecher, Plastiktüten, Kohlestückchen. Ziegen, Kühe und Hunde schnüffeln in den Abfällen. Die heiligen Kühe fressen das Papier, um ihren Pansen zu füllen. Es riecht muffig und faulig. Ein Gewirr von Stromleitungen überspannt die Straßen. Unordnung allerorten!

Viele Muslime wohnen in Bhiwandi. Die grün-weiße Moschee gleißt in der Sonne. Schwarz gekleidete Frauen unter schwarzen Kopftüchern gehen neben den in farbenprächtige Saris gekleidete Hindi-Frauen.

Ich kaufe mir einen leichten Baumwollstoff und lasse mir eine Pumphose nähen, die in der Hitze angenehm zu tragen und zum Fahrradfahren geeignet ist. Den Schneider finde ich in einer Seitenstraße. Auf seiner altertümlichen Tretmaschine fertigt er die Hose am selben Tag an. Am späten Nachmittag hole ich sie ab. David hat seine Wäsche in einer Wäscherei abgegeben und glaubt allen Ernstes, dass die Waschfrau sie mit heißem Wasser wäscht. Nach ein paar Tagen packen wir und verlassen das Hotel Wir radeln zur „Power

Laundry", um die Wäsche abzuholen, bevor wir zur Stadt hinausfahren. Doch der Mann rückt sie nicht heraus, denn heute, am Freitag, ist für die Muslime ein Feiertag. Heute arbeiten sie nicht, sondern beten in der Moschee. Wir bitten und flehen – Please! – es nützt nichts. Erst um neunzehn Uhr, dann, wenn es dunkel ist, dürfen wir die Wäsche abholen.

Wir kehren zu unserem Hotel zurück und schleppen alle Sachen wieder hoch in den ersten Stock. Am nächsten Morgen bezahlt David in der Wäscherei 28 Rupien, etwa 80 Cent. Alle Umstehenden lachen freundlich und amüsiert über den für Inder offensichtlich zu hohen Preis. Die Wäsche ist noch ziemlich grau. Mit heißem Wasser dürfte die Waschfrau sie nicht gewaschen haben, noch nicht einmal mit Waschpulver. Vermutlich hat sie sie durch den Fluss gezogen und zum Trocknen ans Ufer gelegt. – Am Samstagmorgen beginnen wir unsere lange Fahrt nach Norden.

Auf dem Land in Gujarat

Auf ruhigen Straßen nach Nashik

Kaum zu glauben, aber in Indien gibt es einsame Straßen und kleine, intakte Dörfer. Auf unserer Nelles-Landkarte mit dem vielversprechenden Maßstab 1:1500000 (1 cm auf der Karte entspricht 15 km in der Wirklichkeit, die Karte mit dem größten Maßstab, die wir in Deutschland auftreiben konnten), finden wir Nebenstraßen und durchfahren Orte, von denen die Welt noch nichts gehört hat, zum Beispiel Vada, Khodala, Javar und Trimbak.

Die Temperaturen steigen von Tag zu Tag. In sengender Hitze mühen wir uns durch eine weit geschwungene Berglandschaft, die uns von Nashik, einer größeren Stadt, trennt. Ausgedörrtes Gras bedeckt die Hänge und webt einen samtbraunen Teppich unter einem lichten, blauen Himmel.

Jedes Dorf besitzt einen Brunnen. Dort treffen sich die Frauen, plaudern und bedienen die Pumpe, um ihre eimergroßen Wasserbehälter aus Metall zu füllen. Auf dem mit einem Stoffring geschützten Kopf tragen sie ihre Last grazilen Schrittes heim. Ich stelle mich an und fülle unsere beiden Wassersäcke, die je zwei Liter fassen. Mit einem Keramikfilter filtern wir das Wasser in Flaschen und kommen so jederzeit in den Genuss von Trinkwasser. Der Bedarf ist groß, ständig sind wir durstig.

Abends schlagen wir unser Zelt fernab von Ortschaften in der Natur auf und bleiben ungestört. Wir kochen auf unserem Benzinkocher. An jeder Tankstelle bekommen wir Brennstoff. Unser Wasservorrat ist so groß, dass wir uns sogar den Salzfilm von der Haut waschen und die Zähne putzen können.

Die Hitze ist gewaltig, sie macht mir zu schaffen. Beide verbrennen wir zusehends. Davids Gesicht und Arme leuchten krebsrot. Bei der Ankunft in Nashik habe ich zum ersten Mal im Leben einen Sonnenbrand auf den Handrücken. Am nächsten Tag kaufe ich mir eine langärmelige, weite Bluse, in die ich mich von nun an hülle.

In der Santosh-Lodge kurz vor Nashik wohnen wir in einem großen, sauberen Zimmer mit Bad für etwa 4,50 Euro. Im dazugehörenden Restaurant werden wir freundlich bedient. Wir treffen einen jungen indischen Chemiker, der geschäftlich unterwegs ist, und unterhalten uns an jedem der drei Abende, die wir dort sind, mit ihm. Er erzählt uns viel von Indien, von sehenswerten Regionen und Städten, von Tempeln und Palästen, von seinem Studium, vom Bildungssystem und von der Politik. Nashik liegt am Godavari, einem heiligen Fluss.

Nashik am Godavari, Gujarat

Alle zwölf Jahre findet das Kumbh-Mela-Fest statt, das größte Fest der Hindus. Millionen von Pilgern aus ganz Indien treffen sich zu rituellen Waschungen an diesem Ort, auf den einst ein Nektartropfen der Unsterblichkeit fiel. Der Legende nach quirlten Götter und Dämonen am Anfang der Welt den Milchozean auf, um den Nektar der Unsterblichkeit zu gewinnen. Sie füllten ihn in einen Krug. Im Streit um die Kostbarkeit verschütteten sie vier Tropfen, die auf Allahabad, Haridwar, Ujjain und Nashik fielen. Seit Jahrhunderten feiern die Hindus dieses „Fest des Kruges" in den vier Städten.

Wir fahren mit den Rädern ins Zentrum. Am heiligen Fluss reihen sich große und kleine Tempel und Schreine oberhalb der Ghats, den Steinstufen, die sich am Fluss entlangziehen. Frauen waschen ihre Wäsche. Menschen baden. In den Gassen drängen sich die Leute an den Marktständen vorbei. Alte, verwitterte Häuser stehen oberhalb des Zentrums. In den breiten Straßen spenden Regenbäume zu beiden Seiten Schatten.

Nicht weit von unserem Hotel ragt ein Berg aus der Ebene empor. Wir steigen zu ihm hinauf und besuchen 2000 Jahre alte buddhistische Höhlen, die

die Menschen in grauer Vorzeit in die Felsen schlugen. Wir sind allein und genießen die Ruhe und den weiten Blick über die Ebene. Wir akklimatisieren uns langsam und sind nicht mehr so erschöpft wie zu Beginn unserer Reise.

Auf Irrwegen nach Rajpipla

Auf dem Weg nach Norden durchfahren wir eine Hochebene, aus der pyramiden- und kegelförmige Erhebungen und Tafelberge aufragen. Die Landschaft erinnert mich an das Monument Valley in den USA. In den Dörfern stehen Steinhäuschen. Die Frauen tragen den traditionellen Sari, die Männer oft weiße, weite Hosen, über denen locker ein weißes Hemd hängt. Auf den Häuptern über bärtigen Gesichtern sitzen die schiffchenförmigen Nehru-Kappen. Zum Plausch hocken die Männer sich ins Restaurant oder auf den Gehsteig. Auf dem Land geht es geruhsam zu. Die bittere Armut, die in den Slums der Großstädte, in Straßen und unter Brücken herrscht, ist hier nicht sichtbar. Die Dorfbewohner mögen nicht reich sein, sie scheinen aber ihr Auskommen zu haben.

Auf den Straßen ist wenig Verkehr. Dindori, ein Straßendorf, empfängt uns mit vielen bunten Reklameschildern. Wir essen in einem Restaurant und trinken Tee am Stand eines alten Mannes. Zu beiden Seiten der Straße breiten sich Felder aus. Die aus Stein errichteten Bauernhäuser liegen verstreut dazwischen. Am Abend schlagen wir unser Zelt in einem ausgetrockneten Flussbett auf. Die Dorfbewohner entdecken uns, gucken kurz ins Zelt und gehen wieder. Wir blicken über eine goldene Abendlandschaft, der Halbmond steht am Himmel. Als es dunkel wird, leuchten die Sterne auf, das Sternbild des Orion steht fast im Zenit. Wir befinden uns 900 Meter über dem Meeresspiegel.

Unsere Fahrräder erregen immer wieder Interesse. Sobald wir in einem Dorf anhalten, sind wir in Sekundenschnelle umringt von einer Menschenmenge. Der Tachometer und die Gangschaltung wirken wie ein Magnet auf die Männer. Beides müssen sie anfassen, ob sie wollen oder nicht. Den Tachometer können wir gar nicht schnell genug in Sicherheit bringen, sonst sind die Knöpfchen schon gedrückt. Die Hebel der Gangschaltung knacken und krachen, sobald wir wegschauen. Die neugierigen Menschen nerven uns, wenn wir müde sind. Doch niemals fühlen wir uns bedroht wie damals in

Tunesien, wenn Jugendliche mit Stöcken in den Händen zur Straße stürmten und nach Zigaretten und Geld fragten. In Indien packt niemand das Gepäck an, sondern nur die Gangschaltung und den Tachometer, unser liebstes Spielzeug.

Wir steigen zum Ferienort Saputara auf. Er liegt gut 800 Meter hoch. Weiß getünchte Häuser stehen hinter trockenen Rasenflächen. Verkaufs- und Teestände reihen sich aneinander. Ein See glänzt blau in der braunen Landschaft, Boote liegen zum Verleih am Ufer und Pferde stehen zum Vermieten bereit.

Eine steile Abfahrt bringt uns hinunter zu einer Kreuzung. Auf den Hinweisschildern stehen die Namen der Orte in verschnörkelten Schriftzeichen, in Devanagari, der Hindi-Schrift. Wohin nun? Kaum jemand spricht Englisch auf dem Land. Weit und breit ist ohnehin kein Mensch zu sehen, den wir fragen könnten. Auf gut Glück fahren wir weiter Richtung Norden und hoffen, die Straße nach Songadh gewählt zu haben.

Teakbäume gruppieren sich zu Wäldchen in weiten Tälern. Am Rande brauner Weiden tauchen Siedlungen auf. Die mit Ziegeln bedeckten Häuschen bestehen aus Mattenwänden, die die Einheimischen mit Lehm verkleistert haben. Wir zelten unter Teakbäumen, an denen große, trockene Blätter hängen. Wo sind wir bloß? Wohin mögen uns die verlassenen Straßen führen? Nach Songadh? Wir sind gespannt.

Noch einen Tag lang radeln wir durch weite Hochtäler, bis die Straße zur Tiefebene abfällt. Wir erreichen Nawapu. Unser Ziel Songadh haben wir um 24 Kilometer verfehlt. An einem Stand kaufen wir in Öl gebackene Gemüsebällchen. Der Verkäufer serviert sie uns auf Zeitungspapier. Eine alte, dürre Bettlerin packt hastig alle Bällchen ein, als wir ihr welche anbieten. Wir kaufen neue.

Wir kämpfen gegen den Wind und erreichen schließlich doch noch Songadh, einen Lkw-Stopp. Wir steuern ihn an, weil er auf unserer Route liegt, die uns nach Norden führen soll. Viele Automechaniker arbeiten hinter Verschlägen in ihren Werkstätten. Die Luft ist voll von Staub. In einem schmutzigen Restaurant essen wir ein hervorragendes Mahl: Omelette, Chapati und ein mit Chili scharf gewürztes Erbsencurry. In einem Laden erstehen wir Nescafé, Milchpulver, Kekse, Reis und Zigaretten. Immer wenn wir stehen bleiben, umringen uns neugierige Menschen. Sie drängen sich mit uns in die Läden, um zu sehen, wie und was die Ausländer einkaufen.

Ukai, ein Straßendorf an einem riesigen Staudamm, liegt auf unserem Weg. Schon wieder können wir die Straßenschilder nicht lesen, studieren die

Dorfleben, Menschenauflauf

Wohin jetzt?

Karte und fahren aufs Geratewohl weiter. Die Asphaltdecke der Straße, die nach Norden führt, ist abgefahren und zerbröckelt. Wir holpern über spitze Steine und durch Schlaglöcher bergauf und bergab. Manchmal schieben wir, um die Speichen zu schonen. Die Straße wendet sich nach Osten. Da wollen wir nicht hin! Auf der Karte existiert die Straße, die wir jetzt entlangradeln, gar nicht. Schließlich erreichen wir, schon ziemlich erschöpft, den nördlichen Teil des Stausees und das Dorf Borda. Saubere Lehmbauten stehen nebeneinander. Als wir angehalten haben, geben wir wieder eine Audienz. Niemand interessiert sich für das Gepäck, nach wie vor sind die Gangschaltung und der Geschwindigkeitsmesser die großen Attraktionen.

In einem Laden kaufen wir Mehl, Eier und Zucker ein, ein Restaurant gibt es leider nicht. Außerhalb des Dorfes lassen wir uns hungrig unter einem Baum nieder. David holt den Benzinkocher heraus und backt Pfannkuchen. Schnell haben uns die Einheimischen entdeckt. Sie umringen uns und schauen uns beim Essen zu. Ein Dutzend Radfahrer begleitet uns, als wir unsere Pause beendet haben. Auf dem Erdweg, auf dem wir uns nun befinden, lässt es sich besser radeln als auf der schlechten Teerstraße. Wir sind froh, nicht in einer Sackgasse zu landen. Schnell erreichen wir das nächste Dorf. Wir füllen

Im Restaurant

alle Behälter mit Wasser und übernachten kurz darauf hinter einer Kaktushecke auf einem abgeernteten Feld. Die ganze Nacht schallt Musik vom Dorf zu uns hinüber, dort feiern die Leute vermutlich eine Hochzeit.

Die Belohnung für die Mühsal der vergangenen Tage folgt bald: Eine gute, glatte Asphaltstraße beginnt und wir surren über Sagadh nach Dediapada. Viele Shops und Marktstände säumen die Hauptstraße, die voll mit Menschen ist. Wir trinken Tee, stehen im Mittelpunkt der Aufmerksamkeit und suchen nach einer Tankstelle: Wir brauchen Benzin für den Kocher. In Dediapada gäbe es keine Tankstelle, erfahren wir. Ein Inder drängt sich durch den Menschenauflauf: „Do you need anything?" Wir erklären ihm, dass wir Benzin benötigen. „No problem! Come!" Er führt uns in sein Haus und lädt uns ein, über Nacht zu bleiben. Er heiße Krishna Mohan. In jungen Jahren sei er ein begeisterter Radfahrer gewesen, erzählt er. Über Land sei er nach Europa geradelt. Er zeigt uns Zeitungsartikel, die darüber berichten. Dann kramt er Auszeichnungen und Fotos aus einer Schublade, die ihn mit dem indischen Premierminister zeigen. Hockey habe er auch gespielt. Heute hat Krishna Familie, züchtet Beetpflanzen und verkauft die Ableger. Er zeigt uns sein neues Steinhaus, das oben an der Straße entsteht.

Einladung in Dediapada, Gujarat

Wir duschen indisch, wir schöpfen Wasser aus einer Tonne und schütten es uns über den Kopf. Dann sitzen wir im alten Haus in tiefen, selbst gezimmerten Holzsesseln und unterhalten uns mit Krishna und drei Schwägern, die zu Besuch gekommen sind. Manchmal setzt sich Krishnas junge Frau dazu. Am späten Abend serviert die Familie uns eine leckere Mahlzeit: eine Schale Suppe mit Klößen, einen Salat aus Erbsen, Tomaten, Joghurt und Chapati. Alle gucken uns beim Essen zu, dann zieht sich die Familie in die Küche zurück. Wir machen es uns auf zwei Bettgestellen bequem. Die Plagegeister der Nacht sind erwacht, Moskitos. Die sirren und stechen. Nach dem süßen Milchtee zum Frühstück verabschieden wir uns. Krishna und einer seiner Schwäger begleiten uns im Jeep zum Dorf hinaus. Eine gute Straße führt über die Berge nach Rajpipla, unserem nächsten Ziel. Wir kommen schnell voran. An einer Tankstelle an der Straße kaufen wir Benzin.

Rajpipla, ein altes Fürstentum der Rajputen, besteht zum Teil aus alten, villenähnlichen Häusern und gefällt uns sofort. Wir stärken uns im Restaurant, das sich im ersten Stock eines Hauses befindet, und kommen mit einem Inder ins Gespräch, der Englisch spricht. Er heißt Vispi, zeigt uns ein Hotel in der Nähe, spendiert einen Tee und verabredet sich mit uns für den nächsten Abend.

Das Hotel ist neu, sauber und preiswert. In den Gemeinschaftstoiletten gibt es sogar heiße Duschen. Es ist ruhig. Kein Verkehrslärm dringt ins Zimmer. Für den Rest des Tages ruhen wir uns aus, denn die Sonne und die Hitze haben uns stark mitgenommen.

Erholt schlendern wir am nächsten Morgen durch Straßen und Gassen, durch das Viertel der Moslems und am Fluss entlang, über den eine Fähre führt. Das Restaurant im ersten Stock scheint das einzige im Städtchen zu sein. Wir essen dort zu Mittag. Am Abend kommt Vispi im Hotel vorbei. Er hat seine Freunde mitgebracht. Alle sind an unserer Fahrradtour interessiert. Die jungen Leute bewundern Davids Muskeln und seine Energie, mit fast 55 Jahren noch auf eine große, schwere Fahrradtour zu gehen. Der 21-jährige Apothekersohn will sich gleich morgen früh um sechs Uhr mit ihm zum Joggen oder Fahrradfahren treffen. Ich amüsiere mich im Stillen. Ob der junge Mann wohl sein Vorhaben in die Tat umsetzen wird? Wir gehen ins Restaurant und Vispi spendiert Milchtee und Lassi, ein erfrischendes Joghurtgetränk.

Als wir am nächsten Morgen um neun an der Apotheke eintreffen, ist sie noch geschlossen. Vom eifrigen Jogger keine Spur! Wir radeln durch ruhige, schattige Straßen am Fluss entlang und passieren einen kleinen Park. Au-

Beim Zahnarzt in Rajpipla, Gujarat

ßerhalb der Stadt breiten sich Zuckerrohrfelder und Bananenplantagen aus. Zurückgekehrt ins Zentrum winken uns drei Männer auf einem Motorroller zu: Vispi und seine Freunde. Gemeinsam fahren wir zum Palast der Stadt, heute ein Hotel. Vispi mit seinen Beisitzern knattert voraus und wir hasten hinterher. Wir besuchen den Bürgermeister, ein weiterer Freund Vispis. Nach einem Glas Tee zeigt er uns sein großes, weiträumiges Haus. Von der mit Mosaiksteinen ausgelegten Dachterrasse blicken wir über die Häuser Rajpiplas.

Vispi reicht uns weiter herum und stellt uns dem Manager der Wald- und Landwirtschaftsschule vor. Die Schule ist in einem palastähnlichen Gebäude aus dem frühen 20. Jahrhundert untergebracht. Der Manager selbst wohnt mit seiner Familie in einem Steinhäuschen und bietet uns, wie es üblich ist, Tee an. Anschließend lädt uns Vispi zu ein paar Snacks in ein kleines Restaurant ein, das wir noch nicht entdeckt hatten. Als Gäste der Stadt sollten wir uns wohlfühlen, sagt Vispi, und zahlt die Rechnung.

Nachmittags gehen wir in eine Bank, um Geld zu tauschen. Dort lernen wir den Direktor der Bank of India, Mr. Kewalramani, kennen, der uns zum Abendessen in sein Haus einlädt: „You come and have dinner with me!"

Die Sonne geht schon unter, wir kehren zum Duschen ins Hotel zurück. Mr. Kewalramani holt uns mit seiner Tochter ab. Er ist etwa 60 Jahre alt und extrem humorvoll. Seine Augen blitzen verschmitzt. Einmal im Jahr gehe er zum Meditieren in den Ashram nach Puna, erzählt er. Die oberen Stockwerke seines Hauses baut er gerade aus. Er plant die Konstruktion einer Pyramide, in die er sich zurückziehen will, um Ruhe und Frieden zu finden. In einer Pyramide könne der Mensch die starken Energiefelder, die sich in der Raummitte ballen, nutzen, um sein Bewusstsein zu erweitern, sich gründlicher zu entspannen und tiefer zu schlafen, glaubt er. „Die Kraftfelder einer Pyramide üben eine harmonisierende Wirkung auf den Menschen und seine Umgebung aus."

Er zeigt uns Musikkassetten mit Werken von Mozart, Beethoven und Chopin. Er suche die Sinfonie Nummer neun von Mozart. In England sei es verboten, diese Sinfonie zu spielen, weil schon viele alte Leute beim Hören dieser zauberhaften Musik für immer friedlich eingeschlafen seien.

Welche Sinfonie meint er bloß? Eine der großen, die Jupiter-, Linzer- oder Haffner-Sinfonie? Die Nummer neun von Beethoven ist weltberühmt, die Nummer neun von Mozart ist mir nicht bekannt. – Später finde ich heraus, dass Mr. Kewalramani die Sinfonie C-Dur, KV 73 meint. Mozart komponierte sie 1772 mit sechzehn Jahren. Die Spieldauer des kleinen Werks beträgt nur zwölf Minuten. – Mrs. Kewalramani serviert uns Pfannkuchen mit Butter und Honig. Mutter und Tochter setzen sich nicht zu uns an den Tisch, sondern essen in der Küche. Mr. Kewalramani und seine Frau gehen freundlich miteinander um, sie scheinen ein gutes Verhältnis zueinander zu haben. Todmüde fallen wir nach diesem unterhaltsamen und vergnüglichen Abend um zwei Uhr in der Nacht ins Bett.

Ich habe Zahnschmerzen und muss zum Zahnarzt. Vispi und seine Freunde begleiten uns zur Praxis des Dr. Yogesh R. Sukhadia. Neugierige von der Straße folgen uns und drängen mit in den Empfangsraum. Wollen sie mir seelischen Beistand leisten? Den könnte ich gut gebrauchen, denn mein Zutrauen in die womöglich altertümlichen indischen Zahnbohrer ist nicht groß. Deshalb lasse ich Bohren nicht zu. Ich würde sterben vor Angst. Dr. Yogesh soll mir den Zahn ziehen. Dann bin ich das Problem ein für alle Mal los. Für 30 Rupien, für weniger als einen Euro, schreitet der Doktor zur Tat. Hauruck, da ist er, der Zahn! Er wird mir in Zukunft keine Qualen mehr bereiten. Als Dr Yogesh hört, wir wären auf großer Fahrradtour, weigert er sich, das Geld anzunehmen: „Behaltet mich und Rajpipla in guter Erinnerung!" Bei den schönen Begegnungen in diesem Städtchen dürfte das nicht schwerfallen!

Über Champaner-Pavagadh nach Rajasthan

In der Apotheke treffen wir uns alle noch einmal zum Abschied und trinken Tee. Eine bunte Hochzeitsgesellschaft tanzt durch den Ort. Als sie vorbei ist, fahren wir auf ruhiger, guter Straße weiter nach Norden. Der Weg verläuft eben, Akazien am Rand spenden Schatten. Wir brauchen zwei Tage bis zur Bergfestung Champaner-Pavagadh, einem archäologischen Park.

Kurz vor unserem Ziel führt die Straße durch eine bewaldete Hügelwelt. In den Tälern breiten sich Felder aus und Häuschen stehen verstreut dazwischen. Ein Tafelberg überragt alle Erhebungen: der Pavagadh. Ein Bergtempel und ein Fort krönen das Gipfelplateau. Wir fahren eine nicht enden wollende Festungsmauer entlang und kommen an den Ruinen einer alten, braunen Moschee vorbei. Und wo befindet sich das Hotel von Champaner? Richtig, oben am Berghang. Am Ende eines langen Fahrtages ist der steile Aufstieg besonders erfreulich. Nach kurzer Zeit bin ich geschafft. Wir würden das Zelt aufschlagen, haben aber kein Wasser. Im letzten Gang mühen wir uns die Serpentinen hoch und erreichen ein paar Hütten. Bei einem Wasserverkäufer füllen wir unsere Behälter auf.

Kurz darauf lassen wir uns in einer Senke unterhalb der Straße nieder. Das Zelt bauen wir bei dem guten Wetter nicht auf, wir schlafen unter dem leuchtenden Sternenhimmel. Am Morgen kochen wir Kaffee und essen Haferflocken mit Zucker und angerührtem Milchpulver. Wir packen und fahren weiter.

Ein paar Biegungen später erreichen wir den 380 Meter hoch gelegenen Ort, die Hill Station. Hinter Teeständen und Kiosken kommt das Hotel in Sicht. Wir ziehen in ein Zimmer mit Bad und Balkon ein. Fließendes Wasser gibt es nur am frühen Morgen, auf unseren Wunsch hin stellt der Wirt uns zwei Eimer Wasser ins Badezimmer und wir spülen den Staub zweier Tage ab. Zusammen mit einem indischen Ehepaar, einem Versicherungskaufmann aus Mumbai und seiner Frau, essen wir zu Mittag.

In einer Gondel der Seilbahn fahren wir am nächsten Tag auf den circa 800 Meter hohen Pavagadh, einem Wallfahrtsziel der Hindus. Wir steigen aus der Gondel und klettern 250 Steinstufen zum Gipfelplateau hinauf. Unzählige Souvenirstände stehen in der Nähe des Haupttempels, dem Kalika-Mata-Tempel aus dem 11. Jahrhundert. In der Tempelhalle steht die Statue der schwarzen Göttin Kali neben anderen Göttinnen. Kali ist die Göttin der Zerstörung und des Todes.

Rajputen-König Vanraj Chava, Angehöriger der Chauahn-Dynastie, gründete im 11. Jahrhundert die Stadt Champaner am Fuße des Berges. Auf dem Gipfel entstand das siebenstöckige Fort Pavagadh. Im 15. Jahrhundert eroberte Sultan Mahmud Begada das Gebiet und baute Paläste und Moscheen in der Ebene. Die Rajputen wurden erschlagen, weil sie sich weigerten, zum Islam überzutreten.

Wir wandern zu kleineren Tempeln am Berg. Einige sind weiß getüncht, andere grauschwarz und verfallen. Auf einem Felsvorsprung liegt ein altes, lang gezogenes Gebäude unter einem Flachdach, das fünfzehn Kuppeln trägt. Vielleicht diente es einst als Stall. An den Hängen erzählen Ruinen, Mauern und Tore von den verschiedenen Kulturen. Vom Berg aus blicken wir weit über das Land und über die samtbraune, mit grünen Tupfen besetzte Ebene in der Tiefe. Mit der Seilbahn kehren wir zurück zur Hill Station.

Der Aufstieg zum Hotel war beschwerlich, die Abfahrt am nächsten Tag ist ein Genuss. In der Ebene angekommen halten wir an und gucken uns um.

Die feinen Steinmetzarbeiten an Wänden und Säulen zweier Moscheen

Champaner-Pavagadh, Gujarat

zeugen von einer glanzvollen Vergangenheit. Schlanke Minarette ragen auf, die Kuppeln der Gebetshallen backen in der Sonne, Fensterdurchbrüche, Mauern und Tore schimmern sandsteinfarben vor blauem Himmel. Die alten Stätten von Champaner liegen einsam und verlassen hier unten, während die Hindutempel auf dem Pavagadh atmen und leben.

Auf guter Straße surren wir nordwärts. In der weiten, grünen Ebene stehen am Rande der geeggten Felder Steinhäuschen unter Bäumen. Es ist heiß. Auf Santrampur zu wird die Straße holprig und schmal. Die gepflegten Bauernhäuser bestehen nun aus Lehm. Am späten Nachmittag schlagen wir das Zelt in der Nähe eines Brunnens auf, der am Straßenrand neben einer braunen, ausgedörrten Weide liegt. Wir binden unseren Topf an ein langes Seil und ziehen klares Wasser hoch. Die Einheimischen, die des Weges kommen, tragen einen großen Trinkbecher an einer Schnur mit sich, lassen ihn im Vorbeigehen in die Tiefe sinken, um sich mit einem Schluck Wasser zu erfrischen.

Den ganzen nächsten Tag radeln wir durch Felder, die sich braun und geeggt durch das hügelige Land ziehen. Die Erdschollen und das Gras am Straßenrand sind vertrocknet, einzelne Büsche und Bäume leuchten grün. Am Nachmittag lässt uns unsere Karte wieder im Stich und wir wissen nicht mehr, wo wir sind. Wir irren durch Indien und zu allem Überfluss führt die Straße nach Osten statt nach Norden. Sie wird unsagbar schlecht und ist übersät mit Schlaglöchern. Ob wir wohl schon im Bundesstaat Rajasthan sind? Wir wissen es nicht und zelten in der Nähe eines Dorfes. Schon bald bekommen wir Besuch: Ein netter Mann schaut mit seiner Familie vorbei Er fragt nach Woher und Wohin und er sagt: „Mit einem Bein steht ihr schon fast in Rajasthan. Fahrt immer geradeaus und ihr trefft auf die Hauptstraße." Andere Frauen und Männer des Ortes erscheinen und begrüßen uns zu. Als es dunkel wird, lassen sie uns allein.

Udaipur, Rajasthan

Rajasthan – im Land der Rajputen
845 Kilometer mit dem Fahrrad

Udaipur, die Stadt der Seen und Paläste

Am nächsten Morgen erreichen wir die Hauptstraße durch den Bundesstaat Rajasthan und am Mittag lädt uns ein schöner, breiter Fluss zum Bleiben ein. Unzählige Vögel sitzen in den Bäumen, darunter sind kleine, grüne Papageien. Unterhalb einer Brücke schlagen wir unser Lager auf. Unsere Fahrräder verstecken wir unter einer Plane, sodass wir von neugierigen Zuschauern verschont bleiben. Wir baden, waschen die staubige Kleidung und ruhen uns für den Rest des Tages aus.

Auf dem Weg nach Norden durchfahren wir von Kokosnusspalmen gesäumte Kornfelder. Überraschend stoßen wir südlich von Sagwara auf kleine Tempelgruppen. Im gewellten, trockenen Gelände, fernab jeder Siedlung, erheben sich kompakte, luftige Gebetsräume unter einem pyramidenförmig gestaffelten Steindach. Daneben stehen die sich nach oben verjüngenden Türme, die nicht viel höher als die Gebetsräume sind. Schöne Skulpturen schmücken die Außenfassaden. Hinter einem Hügel taucht ein Teich für rituelle Waschungen auf. Die Skulptur des Stiers Nandi, des Reittiers Shivas, liegt schwarz, klein und verlassen unter der sengenden Sonne auf dem pulvertrockenen Boden. Wir sind allein. Es ist ganz still. Mir scheint, als wäre lange niemand mehr hier gewesen. Die Einheimischen haben die Stätte wohl vergessen. Tempel, Türme und Skulpturen verfallen. Wir haben das Gefühl, einen Schatz entdeckt zu haben, Tempelminiaturen in der Abgeschiedenheit, Brüder der großen südindischen Tempelanlagen.

Wir folgen einer Nebenstrecke und hoffen, dass sie zum Jaisamand-See führt. Doch unsere Karte erweist sich wieder einmal als falsch. Wir erreichen nicht den See, sondern ein Dorf namens Bamora. Auf einem Hügel dahinter ist eine gut erhaltene Festung zu erkennen. Im vom Tourismus unberührten Örtchen stehen die Steinhäuser dicht zusammen und bilden einen Schutzschild gegen die Hitze. In den engen Gassen gehen Ladenbesitzer und Handwerker ihrer Arbeit nach. Schnell haben wir ein Gefolge von jungen Männern und Kindern hinter uns, die uns den Weg zur Festung weisen. Das Tor ist verschlossen – „No problem!" – jemand geht und holt den Schlüssel.

Udaipur, Rajasthan

Drei unserer männlichen Begleiter sprechen Englisch. Sie sind glücklich und stolz, uns das Schloss zeigen zu dürfen. Ihre Gesichter strahlen, eifrig gehen sie voraus und zeigen uns den Weg. Zusammen klettern wir auf bröckelnden Stufen in den ersten Stock und gucken auf die nackten Wände der Räume. In einem ist das Dekor noch erhalten. Die Mosaike aus Spiegelstücken zeigen Jagdszenen und Elefanten. Die tief stehende Sonne taucht die verfallenen Mauern in goldenes Licht. In der Ferne schimmern dunkel die Bergzüge. Wir fahren zum Dorf hinaus und schlafen ungestört unter den Sternen.

Am nächsten Tag erreichen wir die märchenhaft anmutende Stadt Udaipur mit ihren Palästen und Seen. Der Maharadscha Udai Singh gründete sie im Jahr 1559, nachdem die Mogul-Herrscher den Hauptsitz der Rajputen, die Festung von Chittorgarh im Südwesten Rajasthans, erobert hatten. Die Rajputen kämpften um ihre Unabhängigkeit und weigerten sich, ihre Frauen zur Eheschließung mit den islamischen Herrschern freizugeben. Sie erbauten ihre Paläste am und im Pichola-See. So entstand das „Venedig des Ostens". In den engen Gassen, die teilweise steil bergauf und bergab führen, reihen sich Souvenirshops, Restaurants und kleine Hotels. Alte Kaufmannshäuser, Havelis, verziert mit Steinmetzarbeiten und Malereien, schmücken die Stadt.

Vom Balkon unseres Haveli-Hotels blicken wir auf den Pichola-See mit dem Seepalast, der auf einer kleinen Insel liegt und heute als Hotel genutzt wird. Am gegenüberliegenden Ufer ziehen sich Ghats entlang. Die aufgehende Sonne bestrahlt Tempel und Gassen. Hinter unserem Haus ragt der riesige Stadtpalast auf. Er ist der größte in Rajasthan. Zweiundzwanzig Maharadschas erweiterten im Laufe der Jahrhunderte die Gebäude oder bauten sie um. Die ersten entstanden 1568. Nach dem Frühstück laufen wir durch Säle, Hallen und Höfe. In einem der Innenhöfe bewundern wir die berühmten Pfauenmosaike, die ein Portal einrahmen und in der Sonne glitzern. Von den Palastmauern blicken wir über die Stadt und den Pichola-See bis zu den nackten Bergen in der Ferne, eine malerische Aussicht.

In der Nähe des Palastes besuchen wir den 1651 erbauten Jagdish-Tempel. Er ist Vishnu geweiht. Eine in schwarzen Stein gehauene Skulptur stellt diesen Gott des Universums dar. Eine lange Treppe, flankiert von lebensgroßen Steinelefanten, führt hinauf zum Tempel. Über fein gemeißelten Friesen, die den Sockel verzieren, erhebt sich der Tempelturm in den blauen Himmel. Götter, Göttinnen und mythologische Figuren schmücken die Fassaden, Säulen und Innenräume.

Vishnu gehört neben Brahma, dem Schöpfer, und Shiva, dem Zerstörer, zur heiligen Dreieinigkeit im Hinduismus, Trimurti genannt. Diese drei Götter verkörpern die wesentlichen Aspekte der Schöpfung: die des Werdens, des Seins und des Vergehens der Welt. Vishnu erhält die Ordnung. Er hat Lakshmi zur Gemahlin, die Göttin des Glücks und der Schönheit. Sein Reittier ist Garuda, ein mythisches Wesen, halb Mensch, halb Vogel. Garuda gilt als Götterbote.

Shiva ist innerhalb der Dreieinigkeit der Zerstörer des Lebens. Er vernichtet die Welt. Außerhalb der Trinität ist er Schöpfer, Erhalter und Zerstörer zugleich. Er ist der Gott der Zeit und der Weg zur Erkenntnis. Als kosmischer Tänzer heißt er Nataraja, der auf dem Dämon der Unwissenheit tanzt und ihn tötet. Natarajas rasender Tanz symbolisiert den Untergang und den Neubeginn des Universums. Shivas Waffe ist der Dreizack, der das Ego tötet. Mit Parvati, seiner Gattin, und Ganesha, dem Sohn und Elefantengott, bildet er die göttliche Familie. Sein Reittier ist der Stier Nandi. Shivas Schöpferkraft wird in allen ihm geweihten Tempeln als Lingam dargestellt. Das Lingam, ein Phallussymbol, entspringt der Yoni, die als viereckiges Sammelbecken geformt ist und das weibliche Geschlecht symbolisiert. Vishnu geweihte Tempel sind selten in Indien. Weit häufiger gibt es Shiva geweihte Tempel.

Ranakpur, Rajasthan

Ein besonderes Kunsthandwerk blüht in Udaipur, die Malerei auf Tüchern. In einem Laden schauen wir einem Maler zu, der in traditionellem Stil arbeitet. Er stellt gerade einen farbenprächtigen Palast dar. Andere beliebte Motive sind Tiere, die eine Tugend symbolisieren: Das Pferd ist das Symbol der Kraft und steht für Udaipur. Das Kamel ist das Symbol der Liebe und repräsentiert Jaisalmer. Der Elefant ist ein Glücksbringer und gehört zu Jaipur. Der Pfau ist der Nationalvogel Indiens und bedeutet Frieden.

Über Ranakpur und Ajmer nach Pushkar

Wir verlassen die schöne Stadt Udaipur am frühen Morgen und steigen in die Berge auf, bis die Straße flach über eine Hochebene verläuft. Die Kinder in den Dörfern kommen herbeigelaufen und versuchen immer wieder, uns zu stoppen: „Tata! Tata!", schreien sie und „One Rupee!" Das Betteln und die Aggressivität sind neu. David kippt einmal vom Fahrrad, als er den Kindern ausweicht, die die Straße versperren.

Wir suchen nach einem Lagerplatz für die Nacht, als uns drei Jugendliche aus dem letzten Dorf auf Fahrrädern verfolgen. Sie fordern gleich dreißig Rupien, einen Euro! Nach knapp zehn Minuten geben sie auf und kehren zurück. Wie aus dem Nichts steht ein Zwölfjähriger vor uns: „I am a poor boy. Give me fifteen Rupees!" Wir lassen ihn stehen und fahren ein paar hundert Meter weiter, um hinter einer Mauer zu verschwinden und dort ungestört zu kochen, zu essen und zu schlafen.

Das Terrain in 850 Meter Höhe ist licht und weit. Am Rande der Felder befinden sich Bewässerungsbrunnen. Zwei Ochsen werden im Kreis getrieben, um die gefüllten, eimergroßen Behälter, die an einem Riesenrad kreisen, hochzuziehen. Die Bauern leiten das Wasser auf die Felder. Die Kinder sind jetzt nicht mehr so aggressiv wie anfangs, sie schreien zwar ihr „Tata", bleiben aber, wo sie sind. Berge wie dunkle Wolkengebilde überragen in der Ferne eine goldbraune Landschaft. – Wir verlieren 400 Meter an Höhe und kommen müde in der Tempelstadt Ranakpur an. Der Bungalow für Touristen liegt neben dem großen Tempelkomplex der Jainas. Ein geräumiges Zimmer mit Bad und heißem Wasser kostet nur 100 Rupien, keine fünf Euro. Rund um das Haus breitet sich ein Garten aus – ein Platz zum Erholen! Am nächsten Morgen frühstücken wir im Garten, dann schauen wir uns im Ort um.

Die Tempelstadt Ranakpur wurde im 15. Jahrhundert gegründet und liegt in einem Tal des Aravalligebirges, das Rajasthan durchzieht. Im Haupttempel tragen 1444 Marmorsäulen das reich modellierte Tempeldach. Keine Säule gleicht der anderen! Die Steinmetze haben jeder ein anderes filigranes Gesicht gegeben. In 29 Hallen rund um das Hauptheiligtum sitzen die Heiligen der Jainas verewigt in Stein. 63 Jahre dauerte es, den Marmortempel zu vollenden. Eine gemeißelte Träumerei. Die farbenprächtigen Saris der Frauen heben sich vom strahlenden Weiß der heiligen Hallen ab und verstärken die Pracht des Heiligtums.

Ranakpur, Rajasthan

Ranakpur zählt zu den fünf heiligen Stätten des Jainismus, einer Religion, die im 6. Jahrhundert vor unserer Zeitrechnung begründet wurde. Deren Anhänger führen ein asketisches Leben. Sie haben sich der Gewaltlosigkeit verschrieben und lehnen jede Art von Unterdrückung ab. Sie respektieren jedes Lebewesen und töten nicht einmal eine Mücke oder einen Skorpion. Ihr spirituelles Ziel ist die Erleuchtung.

Nicht weit von Ranakpur entfernt liegt das Örtchen Ghanero. In unserem Reiseführer ist das Schloss erwähnt. Wir folgen dem Wegweiser „Ghanero-Castle", durchfahren das Dorf und stehen bald vor dem rotbraun getünchten Schloss. Der 63-jährige Besitzer, gekleidet in Jeans, lässt uns ein. Um den Palast unterhalten zu können, hat er einen Teil in ein Hotel umgewandelt. Jedem einzelnen Gast möchte er sich widmen, sagt er, und führt uns durch die luftigen Räume und Hallen. An den Wänden hängen Fotos von seinem Vater, ihm, seinem Sohn und seinem Enkel. Ein Foto zeigt ihn inmitten einer Jagdgesellschaft, die den letzten Tiger der Region erlegt hat, wie er uns erklärt. Ein Zimmer kostet 800 Rupien, knapp 30 Euro, eine Suite 1200 Rupien. Leben wie ein Maharadscha, in Indien kann ein Ausländer sich das leisten! Wir sind monatelang unterwegs und wollen uns keine Extravaganzen erlauben. Deshalb verabschieden wir uns von dem netten Schlossherrn.

In Desuri biegen wir auf eine klitzekleine, gut geteerte Straße ab. Rechts zieht sich eine nackte Hügelkette hin. Dornige Büsche, Kakteen und kleinblättrige Akazien stehen verloren im dürren Land. Ab und zu taucht ein Dörfchen in der kargen Landschaft auf. Die Steinhäuschen sind oft himmelblau getüncht.

In der Nähe eines Dorfes schlagen wir unser Zelt auf einem Nebenweg auf. Es ist schon dunkel, als das Knattern eines Motorrads die Stille stört. Drei Dorfbewohner, unter ihnen ein Polizist, kommen des Weges. Die drei halten an und die Geste des Polizisten ist eindeutig: Verschwindet! Wir erklären ihm unsere Lage und dürfen bleiben, weil wir keine Pakistaner sind. Wir verbringen eine ruhige Nacht und machen uns am nächsten Morgen nach einer guten Tasse Kaffee wieder auf den Weg.

Am Rande des Dorfes stehen mehrere steinerne Pavillons mit schlanken, verzierten Säulen und mit einem spitz auslaufenden Kuppeldach, um die sich niemand mehr zu kümmern scheint. Stachelige Büsche heben sich grün vom Sandstein ab. Im Innern blättert der Putz vom Gewölbe und die Menschenfiguren am Gewölberand sind gedunkelt vom Alter, ihre Gesichter sind nicht mehr zu erkennen. Ein Halbwüchsiger taucht in der Einsamkeit auf und stört uns bei der Besichtigung. Aufdringlich fragt er nach Davids Sonnenbrille, dann möchte er eine Uhr. Wir lassen ihn stehen und radeln weiter. Heute kommen wir nur langsam voran. Die Hitze ist groß. Teerstraßen wechseln mit Staubpisten ab.

Abends glauben wir, einen ruhigen Lagerplatz neben der Straße gefunden zu haben. Wir breiten unsere Schlafsäcke auf einer Plane aus. Wegen des guten Wetters bauen wir das Zelt nicht auf. Jugendliche und Kinder aus dem nächsten Dorf entdecken uns, trauen sich aber nicht in unsere Nähe. Sie gucken eine Weile aus der Ferne zu und verschwinden schließlich. – Kurz vor Mitternacht knackt es im Gebüsch. Ich sehe mehrere Männer mit Stöcken in der Hand durch die Bäume auf uns zukommen. Sie scheinen aus dem nahe gelegenen Dorf zu kommen. Mir stockt der Atem, ich werde ganz steif und stelle mich tot. David rührt sich auch nicht. Wenn die Stöcke bloß nicht auf uns niedersausen, weil wir in ein fremdes Revier eingedrungen sind! Ich vermeine die Schläge schon zu spüren. Die Männer hocken nun hinter unseren Köpfen. Einer spielt in langen Rhythmen eine Trommel. Die Schläge hallen dumpf durch die Nacht und bringen das Bauchfell zum Schwingen. Sie klingen wie drohendes Gewittergrollen, unheimlich und gespenstisch. Einer der Männer, wahrscheinlich der Dorfälteste, übernimmt das Kommando. Ich blinzele durch die Wimpern und erblicke ein hageres Gesicht mit langer Nase und buschigen Augenbrauen, umrahmt von einem grauen Vollbart. Der Alte trägt einen Turban und einen Dhoti, unter dem muskulöse, braune Beine hervorschauen. Die Trommel verstummt und er nimmt Kontakt auf: „You from?"fragt er in gebrochenem Englisch. David regt sich und erklärt ihm unsere Tour. Die Leute verstehen die Worte „cycling" und „tomorrow". „Yes, yes!" sagen sie. Sie gestukilieren mit ihren Armen in der Luft und reden nun von „village" und „drink": Wir sind im Dorf willkommen. „No, thank you very much. It is too late!!" Zum Abschied singen sie ein Lied, schlagen die Trommel, und endlich, endlich verschwinden sie in der Dunkelheit.

Am nächsten Morgen verliert mein Reifen auf dem Weg zur Straße Luft. Wir laden das Gepäck ab, um ihn zu flicken. Schnell haben wir Zuschauer. Ein junger Mann spielt sich vor den anderen auf und mischt sich mit großem Maul in unsere Angelegenheit ein, fasst unser Werkzeug an und versucht, den Ablauf des Geschehens zu dirigieren. Wir ignorieren ihn, so gut das möglich ist, ziehen einen Ersatzschlauch auf, setzen das Rad ein und radeln weiter.

Dann erreichen wir die Nationalstraße Nummer acht. Es herrscht wenig Verkehr und der Asphalt ist glatt. Jetzt kommen wir schnell voran. Wir rasten in einem neuen, sauberen Restaurant, in dem die Töpfe blitzen. In Beawar, einem kleinen Ort, kaufe ich zwei neue Schläuche. An einem Teestand trinken wir Tee und am nächsten Stand noch einen. Bevor wir den Ort verlassen, halten wir ein drittes Mal an, um Tee zu trinken. Das heiße, starke Getränk tut gut in der Hitze und streichelt den Magen.

In Ajmer mieten wir uns im Touristen-Bungalow ein. Das Zimmer mit Bad ist groß, leider aber auch ziemlich schmutzig. Im Restaurant treffen wir mit Sandy aus Neuseeland und Thomas aus Österreich zusammen. Die beiden sind auch mit dem Fahrrad unterwegs. Er ist jung und wild und spult rastlos und ehrgeizig einen Kilometer nach dem anderen ab, sie scheint hinter ihm herzuhecheln und macht einen erschöpften Eindruck. Er ist fidel und merkt nicht, dass Sandy kaum mitkommt.

Ajmer ist ein Pilgerzentrum für Muslime, die das Grab des Sufi-Heiligen Khwaja Muin-uddin Chisthi besuchen, der 1192 aus Persien hierherkam. Die heilige Stätte besteht aus zwei Moscheen, mehreren Gebetshallen und Höfen. Das Grab des Sufi-Heiligen befindet sich in einem Marmor-Dom. David passt auf die Fahrräder auf und ich schaue mich um. Kaum habe ich mich dem Eingang genähert, führt ein Inder mich zu einem Mann, der hinter einer grünen Box mit der Aufschrift „Office" auf einem Bodenkissen hockt. Als er mich sieht, leiert er ein Gebet herunter. Zum Schluss sagt er: „God bless you. Give a donation!" Ich gebe ihm fünf Rupien. Er ist damit zufrieden und wir unterhalten uns eine Weile. Zum Abschied gibt er mir ein Informationsblatt über den Heiligen mit dem unaussprechlichen Namen und den Sufismus.

Oberhalb des Basars steht die monumentale Moschee von Ajmer aus dem 13. Jahrhundert, ein architektonisches Wunderwerk. Steingehauene Ornamente bedecken Fassade und Säulen der dahinter liegenden Halle und rahmen Inschriften aus dem Koran ein. Sieben hohe Tore führen ins Innere. In der Halle treffen sich die Männer zum Gebet. Sie ist heute, am Freitag, voll mit Gläubigen.

Nachdem wir die Moschee besichtigt haben, schlendern wir durch die engen Gassen. Fußgänger, Rikschafahrer, ein Eisverkäufer mit seinem Eiswagen und ein Kamel vor einem zweirädrigen Karren ziehen vorbei. Wir besuchen einen Jain-Tempel und bewundern die vergoldeten Heiligenfiguren der Jainas in einer vergoldeten, doppelstöckigen Halle. Ein kleiner Goldtempel spiegelt den Reichtum des Universums aus der Sicht der Jainas. Meru, der mythische Weltenberg, zeigt sich neben fliegenden Schiffen aus Gold, in denen die geistigen Führer der Jainas sitzen. Im schönen Ajmer lassen sich kaum ausländische Touristen sehen. Es zieht sie nach Pushkar, einem wichtigen Wallfahrtsort der Hindus, der nur einen Katzensprung von Ajmer entfernt liegt.

Rund um einen tiefblauen See liegen an den Ghats, die das Ufer bilden, vierhundert blendend weiße Tempel, große und kleine. In Pushkar steht der einzige Tempel Indiens, der Brahma, dem Schöpfergott, geweiht ist. Einige Brahmanen, die Priester der Tempel, sind eifrig bemüht, ausländische Besucher einzufangen, um sie zu segnen. Ein Segen hat seinen Preis, er ist nicht umsonst. Einen jungen Mann frage ich, wer er wäre, als er die Hände faltet und mich segnen will. Er behauptet, er sei ein heiliger Mann. „I am a holy man!" Ihm, dem Heiligen, schaut die Geldgier aus den Augen.

Wir kommen im Touristen-Bungalow unter, der einst ein kleiner Maharadscha-Palast war. Die Zimmer mit Bad und Balkon sind pieksauber. Rundum blüht Hibiskus, bunte Vögel sitzen in den Bäumen.

Viele westliche Touristen lieben Pushkar, Hippies, Aussteiger und Rucksackreisende. Die Hauptgasse ist gesäumt mit Läden: Es gibt Souvenirs, Drogerieartikel, gebrauchte, englischsprachige Bücher, T-Shirts und Jeans. Zum Frühstück, zum Mittag- und Abendessen sind Speisebuffets der große Schlager.

Pushkar, Rajasthan

David fühlt sich nicht wohl und liegt einen Tag lang wie tot im Bett. Hat er einen Sonnenstich? Ich besorge Tee und Snacks und schlendere allein durch die Stadt und am See entlang. Sandy und Thomas, die jungen Radfahrer, sind eingetroffen und stark erkältet. Pushkar ist der richtige Ort, um sich auszukurieren.

Im Hotel „Om", gleich nebenan, finden wir das beste Buffet des Ortes: „Eat as much as you can!" Die Bedienung ist freundlich und das Essen schmackhaft, während es in den meisten anderen Restaurants fade schmeckt und lieblos in Töpfen angerichtet wird. Kaffee und Tee stehen auch in den anderen Restaurants Pushkars in Kesseln bereit, sie sind nicht mehr als gefärbtes Wasser.

Laufend treffen Pilger und Bettler in Pushkar ein. Ausländische Touristen aller Couleur laufen durch die Straßen. Von Tag zu Tag scheint es heißer zu werden. Nach einigen Tagen der Erholung fahren wir weiter nach Norden.

Über Shekawati nach Jaipur durch die Wüste Thar

Die Wüste Thar erstreckt sich vom Nordwesten des Bundesstaates Gujarat bis hinauf nach Pakistan. Dornige Büsche, Akazien, Tamarisken und Khejra-Bäume stehen auf den gewellten Sandflächen, auf denen das Sewangras wächst, ein Futtergras. Wir beobachten viele Vogelarten, wilde Pfauen, Krähen und Spatzen. Kleine, grüne Papageien und Vögel mit rotem Hinterteil sitzen in den Zweigen. Manchmal stehen Kamele unter den Bäumen und knabbern an Blättern und Zweigen.

Das Zelten ist kein Problem. Einmal bringen uns Vater, Mutter und zwei erwachsene Söhne Wasser ans Zelt: „Baut euer Lager ab und zeltet neben unserem Haus!", sagen sie. Es ist schon dunkel, und so bleiben wir lieber, wo wir sind. Am nächsten Morgen besuchen wir sie. Die Frau reicht uns Tee. Sie trägt ein farbenprächtiges, rotes Kopftuch, eine rote Bluse und einen blauen Rock. Eine Brosche glitzert über ihrer Stirn. Ein roter Turban schmückt den Kopf ihres Mannes. Über seinem weißen Wickelrock, dem traditionellen Dhoti, hängt ein weißes, weites Hemd. Die zwei westlich gekleideten Söhne zeigen uns den Besitz der Familie. Sie sind stolz auf ihre bewässerten Felder. Der Bauernhof inmitten der Wüste sei ein Arbeitscamp, sagen sie, ihr Wohnhaus stehe im nächsten Dorf.

Erst um zehn Uhr sitzen wir auf den Rädern und erreichen in der Mittagsglut Makrama, eine Industriestadt. Hier bearbeiten die Leute den Marmor, der in der Umgebung abgebaut wird. Kräne ragen auf. An der staubigen, zerlöcherten Durchgangsstraße reihen sich die Betriebe, Schneidemaschinen zersägen kreischend die Platten. Wir holpern über den blendend hellen Belag und kneifen trotz der Sonnenbrille die Augen zu. Lkws, Esel- und Ochsenkarren, die mit Marmorplatten beladen sind, ziehen an uns vorbei.

Wir nähern uns Shekawati, einer Region, in der reiche Kaufleute ihre palastähnlichen Häuser errichteten. Die Havelis, deren Fassaden mit feinem Dekor und mit Malereien bedeckt sind, entstanden zwischen dem 18. und 20. Jahrhundert. Kunstvoll gestaltete, ruhige und kühle Innenhöfe spiegeln den Reichtum indischer Kaufmannsfamilien, die nicht schlechter leben wollten als ein Maharadscha.

In Lachmangarh gibt es neben den Havelis eine Festung, in Fatehpur übernachten wir im Touristen-Bungalow und waschen dort den gelben Staub aus den Kleidern. Am Nachmittag radeln wir ins Städtchen und kommen an

Havelis vorbei, an zwei- und dreistöckigen, kastenförmigen Herrenhäusern, die wohl nie renoviert wurden und dem allgegenwärtigen Staub der Stadt und der Wüste zum Opfer fallen. In den Straßen herrscht reges Treiben im Glanz vergangener Zeiten. Der Wüstensand sammelt sich in den Rinnen und Ecken der Asphaltstraße. Erd- und Sandgassen zweigen ab. Eine Kanalisation ist – wie üblich – nicht vorhanden, der Mist fließt durch die offenen Gräben am Straßenrand. Die Luft ist durchsetzt mit Staub. Kinder schreien laufend nach einem „pen".

Abends dann die Überraschung: Es regnet, stürmt und blitzt. Nach Mitternacht heult der Wind durch die geöffneten Fenster und durch das Zimmer. Die Türen klappern, die Vorhänge flattern. Wir können unser Glück kaum fassen: Wir liegen geschützt im Zimmer, statt draußen im Freien im Zelt. Am nächsten Morgen ist die Luft klar und kühl.

In Mandawa finden wir Unterschlupf in der historischen Herberge des Ortes, im Dharamsala. Um einen betonierten Hof herum liegen die spartanisch eingerichteten Räume. Wir zahlen für unseren Winkel nur 20 Rupien, schlafen also fast umsonst. Der alte Mann, der die Herberge verwaltet, schließt auf Wunsch das unansehnliche „stille Örtchen" auf. Ein Wasserhahn befindet sich draußen im Gang.

Wir schlendern durch Mandawa. Die alte Festung ist heute ein Hotel. Von vielen schönen Havelis bröckelt der Putz. Wir gucken uns in den Innenhöfen um und schauen in einige Zimmer. Die Deckenmalereien haben am wenigsten gelitten und leuchten noch immer ausdrucksstark.

Wir können kein Restaurant in Mandawa entdecken. So kochen wir in der Herberge auf dem Benzinkocher einen Reispudding mit Trockenfrüchten, Aprikosen und Rosinen. Unsere Pritschen stehen draußen auf der überdachten Terrasse. Trotzdem wird es heiß und stickig in der Nacht und die Moskitos stechen. Die alten Gemäuer, Säulen und Tore der Herberge benötigen einen Anstrich wie viele der Havelis in der Umgebung auch.

Jhunjhunu in der Nähe Mandawas ist die ehemalige Hauptstadt des Shekawati-Distrikts. Im Hotel „Shiv Shekawati" im Osten der Stadt kommen wir preiswert unter und genießen das Zimmer mit Bad. Wir unterhalten uns mit dem Hotelbesitzer, der in der Nähe ein Gartenrestaurant unterhält. Auf dem grünen Rasen vor blühenden Bougainvillea-Sträuchern serviert er uns ein gutes Mahl. Er sei beeindruckt von der Philosophie Mahatma Gandhis, erzählt er uns. – Gandhi (1869 – 1948), ein Rechtsanwalt, der in London studiert hatte, war Vegetarier und lebte spartanisch. Ein einfaches Dach über dem

Kopf und ein Lendenschurz als Kleidung waren ihm genug. Er fastete oft und fuhr grundsätzlich dritter Klasse, denn er wollte nicht mehr sein als ein armer Dorfbewohner. Moralisch zu handeln, glaubte er, gelinge nur, wenn man seinen Geist und seine Leidenschaften beherrsche.

Schon während seiner Jahre in Südafrika (1893 – 1914) kämpfte er, der als Farbiger diffamiert wurde, auf gewaltlose Art und Weise für die Rechte der dort lebenden Inder. Als er nach Indien zurückgekehrt war, kämpfte er gegen die Briten und für die Unabhängigkeit seines Landes. Nachdem Indien 1947 in die Freiheit entlassen worden war, bemühte er sich um eine Einigung zwischen Hindus und Muslimen. Am 30. Januar 1948 wurde er, der für den Frieden einstand, von einem fanatischen Hindu erschossen.

Gandhi lehnte sich gegen die Industrialisierung und die Wirtschaftsstrukturen auf, die das Leben der Menschen im Westen bestimmen. Er war gegen den Konsum und die zunehmend technisierte und rationalisierte Welt. Unvorstellbar war für ihn, dass ein Mensch Güter im Überfluss anhäuft, die er gar nicht benötigt. „Das spirituelle Erbe Indiens ist einfaches Leben und hohes Denken", hat er gesagt.

Wir bleiben einen Tag in Jhunjhunu, um uns auszuruhen. Die Temperaturen sind endlich einmal erträglich. Wir erforschen die Stadt auf dem Fahrrad, durchradeln Marktstraßen und Gassen und kommen an schönen Havelis vorbei. Der Windpalast, Khetri Mahal, ist eine traurige, braun-graue Erscheinung inmitten von Sand und Dreck. Er stammt aus dem 18. Jahrhundert. Erker, Balkone und Rampen lockern die Fassade auf, Säulen und luftige Hallen umgeben den Innenhof. Das architektonisch feine Bauwerk ist – wie viele Havelis – dem Verfall preisgegeben. Die Inder scheint es nicht zu kümmern, vielleicht, weil die Erscheinungen der äußeren Welt für einen Hindu eine Täuschung bedeuten, einen Schleier, der die höchste Wahrheit verdeckt. Für einen Hindu ist „Moksha", auch „Mukti", das oberste Ziel seines Daseins, die Erlösung vom Kreislauf der Wiedergeburten.

Unsere Reiseroute wendet sich nach Süden und führt nach Jaipur, der rosaroten Hauptstadt Rajasthans. Immer noch sind wir umgeben vom Sand der Halbwüste, doch langsam mischen sich darunter die Grüntöne der Büsche und Bäume wie Tamarisken, Akazien, Khejri- und Rhejribäume. In Jaipur angekommen, nehmen wir ein Zimmer im „Jaipur Inn" vor den Stadtmauern der Altstadt. Kherim, ein Kanadier mit indischem und ägyptischem Blut in den Adern, führt das kleine Hotel und unterhält sich viel mit seinen Gästen und auch mit uns. Seine Hilfskräfte aus Nepal denken wohl mehr an ihre

Haveli, altes Kaufmannshaus in Shekawati, Rajasthan

Heimat als an den Service, den sie leisten sollen. Der ist schlecht. Wir sehen darüber hinweg, denn die privat anmutende Atmosphäre des Hauses gefällt uns gut.

Durch ein Stadttor radeln wir am nächsten Tag in die Altstadt von Jaipur. Die Sandsteinfassaden der Gebäude leuchten rot. Hawa Mahal, der „Palast der Winde", ist das Wahrzeichen Jaipurs. Mit Balkonen, Gitterfenstern und geschwungenen Erkern geschmückt, erhebt er sich in filigraner Pracht über den Nachbarhäusern. In seinen Zimmern saßen früher die Haremsdamen hinter den Fenstergittern versteckt und verfolgten unbemerkt das Straßengeschehen.

Gleich um die Ecke liegt der siebengeschossige Stadtpalast mit seinen sieben Innenhöfen. Er repräsentiert den Reichtum der Maharadschas und zeigt das handwerkliche Können der Rajputen. Jai Singh II. errichtete hinter dem Palast ein Observatorium. Die in Stein gegossenen astronomischen Instrumente mit ihren Halbrundungen und Treppchen wirken geometrisch und abstrakt wie die Werke moderner Bildhauerei.

Jaipur ist eine der farbenprächtigsten und gleichzeitig eine der stinkendsten Städte in Indien. Penetrant riechende Gossen säumen die Straßen, überall

Wasserverkäufer in Jaipur, Rajasthan

liegt Unrat. Papier, Plastiktüten, Flaschen, verfaultes Gemüse bedecken den Boden. Jede Mauer dient als Pissoir. Jede! Rikschafahrer und Ladenbesitzer belästigen in einem fort die Touristen. „Riksha! Riksha! Come and have a look! Only look! No buy! Look! Riksha!" Jeder hofft, das ganz große Geschäft zu machen. Vor unserem Hotel lauern ständig ein paar Rikschafahrer Mit unseren Fahrrädern haben wir es gut, lachend brausen wir ihnen davon.

Am nächsten Tag fahren wir mit einem Bus zur Stadt hinaus: In der Nähe Jaipurs liegt die Festung von Amber auf einem Hügel. Der Besucher kann sich auf einen Elefanten setzen und zum Eingangsportal reiten, doch wir laufen lieber. Durch das dreistöckige Prunkportal „Ganesh Pol" gelangen wir in die Privatgemächer der Herrscher. Spiegeldecken funkeln, Blumenreliefs aus Alabaster und bunten Glasbausteinen schmücken Wände, Nischen und Säulen. Die Innenhöfe steigen stufenförmig an und sind umgeben von wuchtigem Mauerwerk. Die Palastgebäude wirken wie ein Märchen aus tausendundeiner Nacht.

Zurück in der rosaroten Altstadt streifen wir durch die Straßen. Außentreppen führen zu Veranden und zu den Flachdächern hoch und sind der Öffentlichkeit zugänglich. Wir klettern auf das Dach eines Hauses und genießen den weiten Blick über Jaipur. Auf den Straßen unter uns brodelt das Leben. Unzählige Fahrradfahrer radeln zwischen Rikschas, Motorrollern, Scootern, den dreirädrigen, motorisierten Rikschas, und Kamelkarren. Es herrscht Linksverkehr, doch alle fahren kreuz und quer. Der Horizont färbt sich rot. Die Häuser wirken noch malerischer. Später zieht eine farbenprächtige Prozession durch die Straßen. Rot gekleidete Elefantentreiber sitzen auf angemalten Dickhäutern. Geschmückte Kamele schreiten hoheitsvoll einher, Blaskapellen spielen.

An unserem letzten Abend in Jaipur beobachten wir einen Hochzeitszug. Die Festgesellschaft ist fein herausgeputzt. Auf einem reich geschmückten Schimmel sitzt der Bräutigam, der einen roten Turban mit schwingender Feder trägt. Sein weißer Seidenanzug, über den eine Blumengirlande fällt, glänzt im Scheinwerferlicht der Straßen. Rote und goldene Seidenstoffe hüllen die Frauen ein, Nasenschmuck und Armreifen glitzern. Eine Blaskapelle spielt, Trommler schlagen ihre Instrumente.

Mit dem Shekawati-Express wollen wir nach Delhi fahren. Erst morgens um fünf Uhr dreißig könne man die Fahrkarten kaufen, erfahren wir. Wir verbringen die Nacht im Bahnhofshotel und sind gespannt, welche Formalitäten wir erledigen müssen, um die Fahrräder im selben Zug mitnehmen zu können. Keinesfalls wollen wir sie aus den Augen verlieren. Schließlich ist alles ganz einfach. Wir stehen um vier Uhr dreißig auf, kaufen die Fahrkarten und geben unsere Fahrräder am Gepäckschalter ab. In der Holzklasse finden wir sofort freie Sitze. Wir genießen den Bummelzug und hängen nostalgischen Gedanken nach, erinnern uns an die Tage der Kindheit, als die Zeit geruhsamer zu verlaufen schien und nicht dahinraste wie in der Gegenwart.

Nach 350 Kilometern und acht Stunden Fahrt kommen wir in Alt-Delhi an. Slums ziehen sich zu beiden Seiten der Gleise hin. Als der Zug hält, rennt David zum Gepäckwagen, um die Fahrräder auszuladen. Ich schleppe unser Gepäck auf den Bahnsteig. Und da sind sie, unsere Räder, wohlbehalten und heil. An einem Stand auf dem Bahnsteig trinken wir Tee und danach wagen wir uns in den brausenden Verkehr der Metropole. Relativ schnell gelangen wir zu einem Tourist-Camp und schlagen dort nach Zahlung von 25 Rupien, etwa einem Euro, unser Zelt auf. Bungalows stehen zum Vermieten bereit. Die Anlage ist sauber und ruhig. Ein Restaurant gibt es auch.

Delhi war im Laufe der indischen Geschichte häufig Regierungssitz. Die Überreste alter Siedlungen weisen bis ins 6. Jahrhundert v. Chr. zurück. Am Südrand von Neu-Delhi liegen die Ruinen der damaligen Hauptstadt Lalkot, die ein Rajputenfürst vor 900 Jahren gründete. 150 Jahre später eroberte ein mohammedanischer Sultan die Stadt. Damit begann der Aufstieg der Moguln, die ihre Macht bis Südindien ausdehnten.

Wir erkunden die Altstadt mit dem roten Fort, das der Großmogul Shah Jahan in der ersten Hälfte des 17. Jahrhunderts erbauen ließ. Er gründete damit die siebte Hauptstadt auf dem Areal Delhis und nannte seinen Regierungssitz Shahjahanabad. Unter ihm entstand die Freitagsmoschee in Alt-Delhi, die größte Moschee Indiens. In Agra schuf er für seine verstorbene Lieblingsfrau Mumtaz Mahal das Mausoleum Tadsch Mahal, ein Baukunstwerk, das zu den acht Weltwundern zählt.

Geschiebe und Gedränge herrschen in Straßen und Gassen: Fußgänger, Fahrrad-, Rikscha- und Scooterfahrer, jeder sucht sich seinen Weg. Es wimmelt wie in einem Ameisenhaufen. Auf Schritt und Tritt strecken uns Bettler ihre Hände entgegen. Obdachlose haben auf dem Bürgersteig zeltähnliche Schutzhütten aus Lumpen errichtet, in denen sie hausen. Mütter mit Kindern auf dem Arm begehren eine Gabe.

Der Connaught Place bildet die Drehscheibe Neu-Delhis. Teure Restaurants, Läden und Boutiquen umgeben ihn. Gleich um die Ecke spielt sich das übliche indische Leben zwischen Abfällen und Schmutz ab. Die Hitze ist groß. Ein unglaublich dichter Smog liegt wie eine Dunstglocke über der Stadt. Haut und Kleidung sind abends schwarz.

Wir wollen ein Visum für Pakistan beantragen, kommen aber zu spät. Den Antrag kann man nur zwischen elf und dreizehn Uhr stellen. Am folgenden Tag sind wir pünktlich da und erfahren, dass wir ein Empfehlungsschreiben der deutschen Botschaft benötigen. Samstags und sonntags sind die Ämter geschlossen. Am Dienstag schließlich erhalten wir ein zweimonatiges Visum für Pakistan. Zum Einreisen haben wir drei Monate Zeit. Wir machen uns auf den Weg in den indischen Himalaja.

Verladen der Fahrräder

Im indischen Himalaja
1045 Kilometer mit dem Fahrrad, 425 Kilometer mit dem Bus

Von Delhi ins höchste Gebirge der Welt
Ranikhet, Pithoragarh, Munsyari, Bageshwar

Wir verlassen Delhi mit dem Fahrrad und stecken für 80 Kilometer in starkem Verkehr. Autoabgase verpesten die Luft. Die Straßen sind breit, das Radeln geht flott voran, doch Hitze, Smog und Lärm schlauchen.

Hinter Mawana beruhigt sich der Verkehr. Warhapur ist der letzte Ort, bevor wir den Südrand des Corbett-Nationalparks erreichen. Plötzlich sind wir allein auf der schmalen Straße durch den Wald. Vögel zwitschern in den Bäumen und Affen springen von Ast zu Ast. Die Straße biegt nach Osten ab. Wir passieren ein Dorf, eine Wasserpumpe und eine Kreuzung. Dann hört der Asphalt auf. Wir holpern noch ein Stück über den erdigen Weg, halten an und schlagen unser Lager auf. In der anbrechenden Dunkelheit lädt uns ein alter Mann ins „Resthouse" des Ortes ein. Wir bleiben lieber in unserem Zelt. Bevor der Alte geht, warnt er uns vor Tigern und wilden Elefanten. Keines der Tiere lässt sich in der Nacht blicken. Wohlbehalten starten wir in den nächsten Tag.

Für rund 25 Kilometer schlängelt sich der Weg über Steine, durch Sand, ausgetrocknete Bäche und Flüsse. Die Strecke ist miserabel, es fällt uns schwer, das Fahrrad zu kontrollieren. Knatternde Motorengeräusche hinter uns im Wald! Zwei holländische Motorradfahrer halten an und wir kommen ins Gespräch. Ihre Tour gelte einem guten Zweck. Sie sammelten Spenden für die „SOS-Kinderdörfer", sagen sie. Auf dem dem halsbrecherischen Weg haben auch sie ihre liebe Not. In dem Örtchen Kalagarh treffen wir sie wieder. Wir setzen uns zusammen in ein Straßenrestaurant, um ein Glas Lassi zu trinken. Das Joghurtgetränk ist kühl, süß und erfrischend.

Für den Besuch des Corbett-Nationalparks brauchen wir eine Genehmigung, die wir nicht haben. Da die 45 Kilometer lange Piste nach Ramnagar zum Fahrradfahren vermutlich zu schlecht ist, verladen wir Räder und Gepäck auf das Dach eines Busses. David klettert hinauf. Er hat vorsorglich zwei Seile dabei, die er herunterlässt. Ich binde ein Seil um den Lenker, das andere um den Sattel. Dann zieht David die Räder hoch und sichert sie auf dem Gepäckträger. Wir setzen uns in den Bus und schaukeln am Rande des Nationalparks entlang. Der Bus wird brechend voll. In Ramnagar angekommen, steigen wir wieder auf unsere Fahrräder und strampeln auf den Himalaja zu. Wir steigen zu einer soliden Hängebrücke auf und schieben unsere Räder auf die andere Seite des Kosi River, einem Nebenfluss des Ganges. Auf einem Wiesenstück am Ufer bauen wir das Zelt unter einem Sal-Baum auf und verbringen zwei Tage ungestört in der Natur.

Dann wird es ernst: Der erste Aufstieg ins höchste Gebirge der Welt ist gleich 50 Kilometer lang. Wir mühen uns im niedrigsten Gang ab oder schieben die schwer beladenen Räder dem Himmel entgegen. Wir brauchen zwei Tage, denn die Durchschnittsgeschwindigkeit beträgt gerade einmal vier oder fünf Kilometer in der Stunde. Mit Mühe und Not finden wir am Ende des ersten Tages ein klitzekleines, flaches Plätzchen in einem Flussbett neben einem Rinnsal. Nachts fallen uns plötzlich Regentropfen ins Gesicht. David spannt, so gut es geht, eine Plane, unter der wir halb sitzend wieder einschlafen.

Am zweiten Tag erreichen wir eine Höhe von etwa 1600 Metern und radeln über eine Panoramastraße, die sich ohne allzu großes Auf und Ab am Hang entlangzieht. Ranikhet, eine von den Briten gegründete Hill Station, liegt 1829 Meter hoch. Wir ziehen in ein Hotel ein und bleiben dort einen Tag. In einem kleinen Fahrradreparaturshop baut ein Mechaniker David ein neues Kugellager ins Hinterrad.

Der folgende Tag beginnt mit einer vergnüglichen Abfahrt. Kiefernwälder duften. Wir blicken die terrassierten Hänge hinunter, die die Menschen über Jahrhunderte für die Feldbestellung angelegt haben. Ab und zu liegt ein Dorf am Berg. Als wir am Kosi River stehen, haben wir 500 Höhenmeter verloren. Die Arbeit beginnt erneut. Wir steigen nach Almora auf. Der Ort dehnt sich auf einem Bergrücken aus. In der Haupteinkaufsstraße unterhalb des Bergkamms drängen sich viele Menschen. Wir suchen Ruhe in der Natur und wollen hier nicht bleiben. Also kaufen wir nur Proviant ein und schieben die Räder auf einer unglaublich steilen Straße zum Kamm hoch. Sogar das fällt schwer, es überfordert fast meine Kräfte. Auf der anderen Seite gleiten wir ein Stück bergab und schlagen das Zelt im Wald in der Nähe der Straße auf.

In den nächsten Tagen geht das Auf und Ab durch den Himalaja weiter. Mal steigen wir 35 Kilometer zu einem Bergrücken auf und fliegen auf der anderen Seite die gleiche Strecke hinab. Dann jubelt unser Herz. Gewöhnlich setzt die Kehrtwende an einem Fluss ein. Auf der Fahrt nach Dhaula Devi, einer Siedlung im Tal, präsentieren sich die Schneegipfel der Himalajakette in schönstem Licht. Sie scheinen in der Ferne zu schweben, weil der untere Teil in bläulichem Dunst liegt.

Einmal liegt der Steilhang vor uns in der prallen Sonne. Wir schieben die Räder die Straße hinauf und haben nach etwa drei Kilometern 500 Höhenmeter gewonnen. Unsere Kräfte sind am Ende. Dann taucht hinter einer Kurve eine verlassene Steinhütte vor einer Felswand auf, daneben ist genug Platz zum Zelten. Ein paar Schritte weiter sprudelt eine Quelle. Wir sind froh, diesen Platz gefunden zu haben.

Am nächsten Morgen gewinnen wir schnell weiter an Höhe. Das obere Tal weitet sich. Wir erreichen Pithoragarh, eine 1514 Meter hoch gelegene Hill Station. Der Ort erstreckt sich entlang eines Bergrückens. Im unteren Teil befinden sich die Verkaufsstände und dort trinken wir Tee. Anschließend radeln wir hinauf in den oberen Teil, wo sich Motorrikschas und Pkws einen Weg durch das Menschengewühl bahnen. Es herrscht das übliche Durcheinander in den schmutzigen Straßen. Wir kaufen schnell ein und suchen das Weite. Jenseits des Bergrückens finden wir an einem Bach in der Nähe eines Tempels einen schönen Platz auf einer Weide und lassen uns dort für die Nacht nieder.

Nach weiteren zwei Tagen kommen wir an einer ideal gelegenen Straßenbucht in der Nähe von Kalinog am Ramganga River vorbei. Weit und breit ist kein Mensch zu sehen, kein Fahrzeug kommt des Weges. In dieser Einsamkeit schlagen wir das Zelt unter Kiefern in der Nähe eines Rinnsals auf und blicken auf die Himalajakette in der Ferne. Wir bleiben zwei Tage und genießen den ungestörten Frieden und David repariert seine gebrochenen Speichen im Hinterrad.

Ein besonderer Abstecher soll uns direkt zum Fuß der Schneeriesen bringen. Munsyari, ein Bergdorf, das 2150 Meter hoch im Himalaja liegt, ist nur über eine Sackgasse zu erreichen, die in dem kleinen Ort Tejam beginnt.

Kurz hinter Tejam schleppen wir unsere Habseligkeiten in mehreren Etappen von der Straße hinunter auf eine Weide, die auf einer Terrasse liegt, um zu campen. Leute, die vorbeikommen, setzen sich oben auf ein Mäuerchen und gaffen mit großer Ausdauer. Abends stiefeln Jugendliche und Kinder in unser Camp. Ein junger Mann spricht Englisch, so können wir uns wenigstens unterhalten, anstatt nur angestarrt zu werden.

Ein hartes Stück Arbeit liegt am nächsten Tag vor uns: Um nach Munsyari zu gelangen, müssen wir einen 40 Kilometer langen Pass überwinden.

Fahrradfahren im indischen Himalaja

Die Straße führt am Fluss entlang, dann über einen Bergrücken. Als wir um die Ecke biegen, ist der Anblick der Landschaft packend und für einen kleinen Radfahrer ehrfurchterregend: In einem Halbrund ragen die Berge senkrecht in den Himmel. Die Straße schraubt sich höher und höher. In den Kurven steigen wir ab und schieben. Wenn wir uns umdrehen, erblicken wir tief unter uns das Tal, aus dem wir hochgestiegen sind, und das sich schlängelnde Band der Straße. Es ist ein erhebendes Gefühl, diese Aussichtspunkte aus eigener Kraft erreicht zu haben. Wir staunen über uns selbst. Endlich sind wir auf dem 2748 Meter hohen Kala Muni-Pass. Ein kleiner Tempel steht am Straßenrand. Unzählige, von Gläubigen gestiftete Glocken hängen an einem Seil, das über den Vorhof gespannt ist. Sie glitzern in der Sonne.

Die Asphaltstraße endet abrupt und wandelt sich zur Piste, auf der wir weiterholpern. Ein tief eingeschnittenes Tal mit steil abfallenden Hängen liegt vor uns. Müssen wir etwa zur Sohle absteigen und einen zweiten Pass erklimmen? Bei dem Gedanken wird uns fast schwindlig vor Schreck. Doch die Piste verläuft hoch oben am Berghang und verliert nur ein Stück an Höhe. Wir biegen um eine Kurve und blicken in eine immer noch gewaltige Höllentiefe. Die bewaldeten, abschüssigen Schrägen liegen unberührt von Menschenhand. Hier regieren Berggeist, Waldschrat, Elfen und Feen. Sie sind unter sich.

Auf dem zweiten Pass halten wir an, um staunend die Aussicht zu genießen: Vor uns erstreckt sich eine Parklandschaft, auf der anderen Seite des Tals schwebt die schneebedeckte Gipfelkette des Himalajas über Wolkenbändern. Auf einem glatten Rasen zu unseren Füßen wachsen Rhododendrenbäume. Wenn unsere Wasserbehälter gefüllt wären, würden wir hier zelten, ohne Wasser bleibt uns nichts anderes übrig, als bis zur nächsten Quelle weiterzufahren. Ein paar Kilometer vor Munsyari tief unten im Tal zelten wir am Rande eines Lärchenwaldes auf einer Grasterrasse. Bambusdickicht bedeckt die Böschung des Flusses in der Nähe. Wir finden eine Schneise, füllen unsere Wasserbehälter und kochen einen großen Topf Tee. Zum Abendessen gibt es Reispudding mit Zucker und Trockenfrüchten.

Am nächsten Morgen fahren wir hinunter nach Munsyari, dem Ausgangspunkt für Trekkingtouren im Schatten des 7816 Meter hohen Nanda Devi. Für den Rückweg wollen wir den Bus nehmen, doch der ist längst weg. Er muss im Morgengrauen an uns vorbeigefahren sein, doch wir haben nichts gehört. Er fährt nur einmal am Tag. Wir kaufen ein. Im unteren Teil des Ortes gibt es die größten Läden. Maultiertreiber beladen ihre Packesel, die mit ihrer

Last bis ins 50 Kilometer entfernte Milam ziehen, einem Dorf in der Nähe des Milam-Gletschers. Uns bleibt nichts anderes übrig, als zu radeln. Ein Stück oberhalb Munsyaris finden wir einen schönen Campingplatz am Fluss mit Bergblick. Weil David erschöpft ist, bleiben wir einen Tag und ruhen uns aus. Bewundernd blicken wir auf die Panch Chuli Hills im Osten, eine gezackte Krone aus Eis und Schnee.

Immer wieder lassen sich neugierige Besucher vor unserem Zelt nieder. Darum steigen wir am nächsten Tag ein paar Kilometer höher, um in der Nähe unseres alten, einsam gelegenen Lagerplatzes zu zelten. Nur drei Hirten sind unsere Nachbarn. Sie wohnen in einem großen Baumwollzelt, das sie mit Holzpfählen befestigt haben. Sie hüten Schafe und Ziegen und besuchen uns. Vor allem ein zwölfjähriger Junge mit seinem Hund ist an unserem Trapperleben interessiert und kommt immer wieder vorbei. Am Nachmittag entlädt sich ein Gewitter, es regnet, hagelt, blitzt und donnert. Nach dem Regen zieht ein klarer, kühler Morgen herauf. Die schneebedeckten Gipfel des Himalajas zeigen sich in ganzer Pracht.

Wir packen und steigen zum Pass auf. Über dem Gebirgskamm des tief eingeschnittenen, bewaldeten Seitentals ragen die Schneeberge in den wolkenfreien Himmel. Wir erklimmen die zweite Erhebung, erreichen den kleinen Glockentempel und die erfreulich lange Abfahrt beginnt. Immer wieder halten wir an, schauen uns um und sind von uns selbst beeindruckt. Kaum zu glauben, dass wir die Bergwand, die jetzt in unserem Rücken liegt, mit dem Fahrrad überwunden haben.

Im nächsten Dorf kaufen wir ein und biegen kurz vor Tejam auf eine Schotterpiste ab, die um den Berg herum ins Ramganga-Tal führt. Dieser Weg wird so wenig genutzt, dass auf flachen Abschnitten Gras wächst. Dazwischen liegen Passagen mit losem Geröll, durch die wir schieben müssen. Der Aufstieg in der Hitze des Tages ist mühsam.

Der Hauptfluss fließt verzweigt durch weißes Geröll. Wir schieben über eine Brücke und schlagen das Zelt in einer Ausbuchtung des Weges auf. Wir sind zu müde, um auf einem Ziegenpfad zu den Weiden direkt am Fluss hinunterzusteigen. Die Leute aus der nahe gelegenen Siedlung haben uns ohnehin entdeckt. Zuerst kommen die Kinder, dann ein paar junge Männer. „Namaste! Namaste!", rufen sie, „Guten Tag!" Alle sind freundlich und versuchen eine Unterhaltung. Wir kochen zwei Liter Tee und löschen unseren Durst. Währenddessen zieht im Nachbartal ein Gewitter auf. Unser Tal liegt auch schon unter pechschwarzen Wolken. Im Osten steht der volle Mond am

Hirten bei Munsyari

Himmel und beleuchtet die dramatische Szene. Wetterleuchten erhellt den Himmel, das Gewitter entlädt sich im Nachbartal. Bis auf ein paar Regentropfen kriegen wir nichts ab.

Die Ansiedlung auf der anderen Seite des Flusses heißt Mensuringarh. Sie liegt ungefähr 1180 Meter hoch und besteht aus einem halben Dutzend Häusern. Zwei Teestände sind da und zwei Läden, die mit dem Nötigsten bestückt sind, mit Reis, Mehl, Zucker und ein bisschen Gemüse. Wir trinken Tee am Teestand und kaufen Kartoffeln, Zwiebeln und Fisch, der im Fluss gefangen wurde. Wir freuen uns über die Abwechslung auf unserem Speiseplan, kochen die Kartoffeln und brutzeln den Fisch über einem Feuerchen.

Am Spätnachmittag kommen wieder Wolken auf. Das Hauptgewitter entlädt sich mit Wucht im Süden des Tals. Auf unser Lager prasselt der Regen in Strömen, teilweise vermischt mit Hagel. Wir machen uns ganz klein im Zelt: Ist es dem Sturm gewachsen? Die Stangen biegen sich, aber es bleibt wasserdicht. Das Unwetter zieht vorüber, die Luft duftet frisch und kühl, die Sterne gehen auf. Zwei Tage bleiben wir in Mensuringarh.

Ein steiler Aufstieg steht bevor, wir schieben geschlagene drei Stunden und gewinnen 700 Meter an Höhe. Die Schneegipfel in der Ferne verschwimmen in einer Dunstschicht. Hinter der Anhöhe liegen zwei Häuser in der Einsamkeit. An einem Wasserhahn davor füllen wir unsere Behälter auf, schieben um die Ecke und errichten todmüde unser Zelt auf dem Weg. Der Blick geht tief ins neue Tal. Erschrocken stelle ich fest, dass ich meine Sonnenbrille an der Wasserstelle vergessen habe. Ich laufe zurück, um sie zu holen und unsere Wassersäcke noch einmal aufzufüllen. Ein Mann hält sie schon in der Hand. Er ist auf dem Weg zu unserem Lager, um die Brille zurückzugeben.. Die Nacht wird sternenklar.

Unser Weg führt über einen Grat, sodass wir links und rechts hinunter in die Täler gucken können. Das Dorf Shamadura liegt 2200 Meter hoch auf dem Bergrücken, der das Tal abschließt. Es besteht aus ein paar Steinhäusern und Läden, sogar ein gutes Restaurant gibt es. Wir essen Omelett mit Reis, Linsensoße und Gemüse. Der kleine und saubere Laden gegenüber führt alles, was der Mensch braucht: Stoffe, Tücher, T-Shirts, Haushaltswaren und Lebensmittel. Auf kleinstem Raum sind die Waren ordentlich gestapelt.

Die Piste führt auf und ab am Hang entlang und ist stückchenweise schon asphaltiert. Wir steigen erneut auf und blicken auf den 6861 Meter hohen Nanda Kot und die benachbarten Schneegipfel. Die Anhöhe liegt inmitten eines Kiefernwaldes. Auf all unsere Mühe folgt eine schöne, lange Abfahrt hinunter nach Kapkot am Sarju River. Im Örtchen stehen geräumige zweistöckige Häuser. Wir essen gut, kaufen ein und radeln dann flussabwärts durch brüllende Hitze. Wir sind nur noch etwa 1200 Meter hoch.

Der Zugang zum Fluss ist schwer zu entdecken. Endlich finden wir einen Ziegenpfad zum Ufer, tragen in Etappen die Räder und das Gepäck hinunter, lassen uns nieder und rasten einen Tag. Am Nachmittag zieht ein trockener Sturm auf und zerrt an unserem Zelt. Ich lasse es schnell nieder, damit die Stangen nicht brechen. Sand wirbelt auf, dringt in Augen, Ohren und Nase. Plötzlich hat sich der Orkan ausgetobt, es wird windstill. In der Nacht leuchten die Sterne.

Am nächsten Tag erreichen wir Bageshwar, einen gemütlichen, 1100 Meter hoch gelegenen Ort am Sarju River. Von der hektischen Betriebsamkeit Almoras und Pithoragarhs ist hier nichts zu spüren. Zu beiden Seiten des Flusses erstreckt sich der Markt. Weil uns Bageshwar so gut gefällt, ziehen wir ins Tourist Rest House ein. Das Gelände in der Stadt ist so flach, dass es Fahrradrikschas, Fahrradfahrer und sogar einen Fahrradreparaturshop gibt. Ein anderer Laden führt Haushaltswaren, Schirme, Waschartikel und Lebensmittel, außerdem etwas ganz Kostbares: Toilettenpapier! Seit zwei

Wochen benutzen wir Buchseiten. Unser Reiseführer hat bereits an Umfang verloren. Neben dem Toilettenpapier finden wir Tütensuppen, Brühwürfel und Haferflocken. David repariert seinen Vorderradgepäckträger, ich lasse meinen Lenkertaschenhalter schweißen. So verbringen wir einen erfolgreichen Tag in einem schönen Bergort.

In einem Brillengeschäft erstehen wir vorgefertigte Lesebrillen. Der Verkäufer steckt Gläser verschiedener Stärke in einen Rahmen. Wir probieren sie aus, bis wir die Schrift klar sehen können, so einfach ist das! Und preiswert dazu! An einer anderen Stelle kann der zahnlose Mensch Gebisse ausprobieren und sich eines anfertigen lassen. Damit warte ich noch ein bisschen.

Viele indische Touristen kommen nach Bageshwar. Die alten Häuser mit den prächtigen Schnitzereien an den Fensterläden leuchten grün, blau und braun. Von vielen Fensterläden blättert die Farbe, wie so oft in Indien verkommt das Schöne. Auf einem Berg steht ein kleiner Tempel.

David liegt halb tot im Bett und zeigt dieselben Symptome wie damals in Pushkar. Wir bleiben einen Tag, aber es geht ihm kaum besser. Wir beschließen, den Bus nach Karnaprayag zu nehmen, um von dort aus, ebenfalls mit dem Bus, zum heiligen, rund 3150 Meter hoch gelegenen Pilgerort Badrinath hinaufzufahren.

Pilgerorte und heilige Stätten
Badrinath, Rishikesh, Amritsar

Mit Seilen ziehen wir wieder die Fahrräder aufs Dach des Busses und binden sie fest. Weil es keine Direktverbindung nach Gwaldam gibt, müssen wir in dem kleinen Ort Garur umsteigen. Anschluss haben wir erst in drei Stunden. Neben uns wartet eine australische Familie mit drei Kindern und wir beschließen, gemeinsam einen Jeep nach Gwaldam zu mieten. Die Straße führt steil bergauf zu unserem Zwischenziel. Gwaldam liegt gut 2000 Meter hoch und ist der Ausgangspunkt für eine Trekkingtour zum über 5000 Meter hoch gelegenen Rookund-See.

Wir steigen um in einen Bus, er fährt das Pindar-Tal hinab. In Karnaprayag mündet der Pindar River in den Alaknanda River, einen Nebenfluss des Ganges. An den Ufern des Alaknanda liegt hoch in den Bergen unser nächstes Ziel, der Pilgerort Badrinath.

Karnaprayag wirkt wenig einladend. Am Busbahnhof herrschen Wirrwarr und Konfusion. Die Abwässer in den Gossen und die Abfallhaufen in den Ecken stinken zum Himmel. In die schmuddeligen Teehäuser mögen wir uns gar nicht setzen. Gerädert von der Fahrt kommen wir in der Absteige des Ortes unter. Die Australier sind schon da und gemeinsam finden wir nach einiger Suche ein sauberes Restaurant und essen dort zu Abend.

Am nächsten Morgen verladen wir Räder und Gepäck auf das Dach des Busses, der uns hoch in den Himalaja nach Badrinath bringen soll. Alle Plätze sind mit indischen Touristen besetzt, wir müssen im Gang stehen. Viele Sikh-Familien sind auf dem Weg zu ihrem Pilgerzentrum Hemkund, das im „Tal der Blumen" in der Nähe Badrinaths liegt. Bis Govindghat fahren sie mit, um von dort aus zu Fuß zu ihrem Heiligtum zu pilgern.

Grauweiß strömen die Fluten des Alaknanda zu Tal. Je mehr der Bus an Höhe gewinnt, umso enger wird das Tal. Es herrscht viel Verkehr, denn unzählige Pilger sind auf dem Weg nach Badrinath oder auf dem Heimweg. Einige wandern die Straße entlang, darunter auch Sadhus, die heiligen Asketen Indiens, Bettelmönche, die den weltlichen Freuden entsagt haben.

In Joshimat staut sich der Verkehr. Es geht nicht vor und nicht zurück. Wir gehen essen und trinken Tee. Nach dieser willkommenen Rast bekommen wir endlich einen Sitzplatz im Bus, denn einige Leute sind ausgestiegen. Die Straße schraubt sich höher und höher die steilen Bergwände empor. Hinter jeder Kurve türmen sich die Berge weiter auf. Auf Badrinath zu weitet sich das Tal. Der Bus hält, wir sind am Ziel. Auf der engen Straße herrscht Chaos. Wir radeln in den Ort hinein und in die engen Gassen der Altstadt. Die Suche nach einer Unterkunft wird schwierig. Das Tourist-Resthouse und zwei weitere Hotels sind voll, in einer Absteige verlangt der Manager 350 Rupien für eine Nacht. Wozu brauchen wir ein Hotel? Wir haben doch unser eigenes faltbares Haus dabei. Also radeln wir talaufwärts zum Ort hinaus und finden oberhalb der Straße eine Grasterrasse in der Nähe eines Flusses und unterhalb eines klitzekleinen, klaren Bachs, der den Felswänden entspringt. Dort schlagen wir unser Zelt auf. Etwa 200 Meter weiter stehen die Steinhütten einer Siedlung. Die Frauen, die dort leben, verrichten Schwerstarbeit: Sie gehen mit Wasserkrügen und Kanistern an den Bach, füllen diese und schleppen sie nach Hause. Auf die Idee, einen Schlauch oder ein Rohr über die Gefällstrecke zu ihren Häusern zu legen und sich dadurch die Arbeit zu vereinfachen, kommt hier niemand. In unserem Zelt bleiben wir fast ungestört. Die wenigen Neugierigen, die uns entdecken, bleiben nicht lange. Manchmal erscheinen indische Touristen, die immer gut gelaunt und vergnügt sind.

Badrinath ist für die Hindus „The land of God". Hierher kommen sie, um Vishnu, dem Erhalter des Kosmos, ihre Ehre zu erweisen. Der ihm geweihte Tempel steht auf der anderen Seite des Flusses. Geduldig warten die Gläubigen in einer langen Schlange, die die Gasse füllt, und halten ihre mit Blumen geschmückten Opfergaben bereit, um sie im Tempel darzubringen. Alte und Gebrechliche mieten sich einen Träger, der sie in einem Korb auf dem Rücken durch die steilen Gassen des Bergdorfes zum Allerheiligsten trägt.

Neben Badrinath gibt es noch drei weitere überaus heilige Stätten im Himalaja: In Kedarnath verehren die Gläubigen Shiva, den Zerstörer. Der Ganges entspringt als Bhagirathi oberhalb Gangotris in eisiger Höhe; hier huldigen die Hindus der Flussgöttin Ganga. In der Nähe des Bergdorfes Yamunotri befindet sich die Quelle des heiligen Flusses Yamuna.

Nachdem wir ein Bergdorf oberhalb Badrinaths am Ende der Straße besucht haben, setzen wir uns wieder aufs Fahrrad. Karnaprayag, 125 Kilometer entfernt, liegt fast 2000 Höhenmeter tiefer als der heilige Ort Badrinath. Dennoch fällt die Straße nicht gleichmäßig ab, sondern führt zunächst hinunter in die steilen Nebentäler des Alaknanda, um dann wieder aufzusteigen. Manchmal verlieren wir 600 Höhenmeter, fahren über die Brücke des Nebenflusses und mühen uns anschließend den nächsten Bergrücken hoch.

David geht es nicht gut, er ist bis auf die Knochen abgemagert und ewig schachmatt. In vielen Dörfern befindet sich ein medizinischer Dienst, der Stuhl- und Blutproben untersucht. Diese naheliegende und einfache Untersuchung lehnt er ab. Er wisse, was er habe, sagt er. Auf gut Glück stopft er sich mit Antibiotika voll und hat schlechte Laune. Dass ich mir Sorgen mache, kommt ihm wohl nicht in den Sinn.

Am dritten Tag kommen wir mit unseren Rädern früh in Karnaprayag an und verladen sie auf den Bus. Er soll uns die 172 Kilometer lange Strecke nach Rishikesh bringen. Wenige Kilometer später ist die Straße wegen einer Bauerndemonstration gesperrt. Wir warten inmitten einer Autoschlange, die länger und länger wird. Etwa drei Stunden stehen wir, und das Frappierende: Niemand regt sich auf. So ist das eben! Das Leben geht weiter und irgendwann fährt auch der Bus wieder an. Abends um sechs Uhr hält er für die Nacht vor einer Herberge an. Wir schlafen jedoch auf dem Dachgepäckträger des Busses, weil wir keine Rupien mehr haben. Niemand will US-Dollarscheine tauschen. Erst am nächsten Vormittag erreichen wir Rishikesh. Wir ziehen in den Touristen-Bungalow ein. David ruht sich aus und ich besuche die Ashrams der Stadt, wo sich viele indische Pilger eingefunden haben und dort in einfachen Zimmern übernachten. Einige baden im Wasser des Ganges, um sich spirituell zu reinigen.

Rishikesh liegt nur noch 350 Meter hoch in der nordindischen Ebene und bildet ein Tor zum Himalaja. Bewaldete Hügel umgeben die Stätte der Gurus und Weisen. Westliche Menschen, auf der Suche nach Erkenntnis, besuchen Kurse, um die Techniken der Meditation zu erlernen und mit Yoga vertraut zu werden. Die Übungen bilden einen Weg zur körperlichen, seelischen und geistigen Gesundheit.

Als ich am nächsten Morgen aufwache, sitzt David schmerzgekrümmt wie ein Häufchen Elend im Bett. Er habe fast die ganze Nacht auf der Toilette gesessen und kaum geschlafen, sagt er. Ich renne zur Rezeption: „Schnell! Wir brauchen einen Arzt!" Die Angestellte hat den Telefonhörer schon in der Hand und ruft an. Der Arzt kommt sofort, tastet Davids Bauch ab und nimmt uns in seinem Auto mit in seine kleine Praxis. Er stellt Kolibakterien fest, die eine Nieren- und Leberinfektion verursacht sowie einen massiven Wasser- und Salzverlust bewirkt haben. Für drei Tage und Nächte hängt David am Tropf. Schon am ersten Tag plustert sich sein ausgetrockneter Körper wieder auf. Immer wenn ich zu Besuch komme, bietet mir der Doktor Kaffee an und wir unterhalten uns. Auf seinem Werbeschild draußen verspricht er auch „Spiritual healing", geistige Gesundung. Der Mensch müsse als Einheit gesehen werden, sagt der Doktor, er frage nach den familiären Verhältnissen und den Problemen seiner Patienten, um die Ursachen einer Erkrankung herauszufinden. Er will nicht nur die Symptome einer Krankheit behandeln, sondern sucht nach ganzheitlicher Heilung. – Am vierten Tag darf David wieder Fahrrad fahren. Wir bezahlen für die Behandlung und den dreieinhalbtägigen Aufenthalt in der Praxis etwa 75 Euro und machen uns auf den Weg nach Shimla im Himalaja. Wir nehmen den Bus.

Shimla, 2206 Meter hoch gelegen, ist die Hauptstadt des indischen Bundesstaates Himachal Pradesh. In den Sommermonaten zogen sich die Briten gern in die höheren und kühleren Regionen des Himalajas zurück. Die Fußgängerzone, die Mall, zieht sich über den Bergkamm. Sie wird gesäumt von Restaurants, Hotels, Reisebüros, Banken und der Post. Die Briten hinterließen Kolonialbauten und Kirchen. Die Schneegipfel verstecken sich in den Monsunwolken des Sommers. – Viele Touristen kommen mit dem Kalka-Shimla-Zug an, einer fast einhundert Kilometer langen Schmalspurbahn, die auf dieser kurzen Strecke über 2000 Höhenmeter überwindet.

Auf der Post holen wir unsere Briefe aus der Heimat ab und bleiben einen Tag. Dann setzen wir uns wieder aufs Fahrrad. Obwohl wir zur Tiefebene hinunterfahren, müssen wir zwischendurch immer wieder Steigungen bewältigen, die David noch schwerfallen. Am ausgetrockneten Govind-Sagar-See geht es lange bergauf, wir gewinnen 600 Höhenmeter. Endlich erfolgt die ersehnte Abfahrt. Mit Wind in den Haaren brausen wir bergab. Unten angekommen, ist es heiß und schwül. Trotzdem genießen wir das normale Radfahren in der Ebene. Hinter Kiratpur finden wir einen Lagerplatz am Fluss und schlagen das Zelt auf.

Am Abend bekommt David hohes Fieber. Warum nur? Vielleicht ist der Wespenstich vom Morgen die Ursache, ein Stich in den Kopf. Oder ist seine Krankheit nicht richtig ausgeheilt? Am nächsten Tag bleiben wir, wo wir sind. David liegt im Zelt und ruht, während ich die neugierigen Besucher abwehre, die sich vor das Zelt setzen und über Stunden unermüdlich gaffen. Als die Dunkelheit hereinbricht, gehen sie endlich.

Den Busbahnhof im nächsten Ort können wir nicht finden, es bleibt uns nichts weiter übrig, als zu radeln. Wir nähern uns der indisch-pakistanischen Grenze. Am frühen Nachmittag erreichen wir Garhalankar. Ein junger Mann auf einem Fahrrad spricht uns an und stellt sich vor, er heiße Manjeet Singh. Er ist Athlet und Sportjournalist, lässt sich in einem Fotoshop mit uns zusammen fotografieren und will einen Artikel über uns schreiben. Zum Übernachten lädt er uns in sein Elternhaus ein. „You are welcome!"

Wir radeln an einem kleinen Kanal entlang und erreichen nach ein paar Kilometern das Dorf Ruri Khas. Manjeet Singh stellt uns seinen Eltern vor. Sie leben in einem geräumigen Haus und gehören der Religionsgemeinschaft der Sikhs an.

Der Vater trägt einen grünen Turban, unter dem er – wie es bei den Sikhs üblich ist – sein langes Haar versteckt. Manjeet folgt dieser Sitte nicht mehr. Er trägt das Haar kurz. Wir unterhalten uns mit der aufgeschlossenen Familie über unsere Reise und über das Heiligtum der Sikhs in Amritsar, unserem morgigen Ziel. Wir werden königlich bewirtet und ziehen uns früh in den ersten Stock zum Schlafen zurück, denn David hat wieder Fieber.

Am nächsten Morgen nehmen wir den Bus nach Amritsar, dem religiösen Zentrum der Sikhs und unserem letzten Halt in Indien. Im gemütlichen Tourist Guest House kommen wir unter. Auf der Veranda stehen Tische und bequeme Sessel, ungewöhnlich für Indien. Meistens sitzt man auf harten Stühlen oder Bänken. Wir schreiben Briefe, unterhalten uns mit dem netten

Manager und ruhen uns aus. David blüht auf. Die große Sehenswürdigkeit will auch er nicht verpassen: den Goldenen Tempel von Amritsar.

Guru Nanak rief die Religion der Sikhs im 15. Jahrhundert ins Leben. Sie ist die jüngste monotheistische Religion in der Geschichte der Menschheit. Die Sikhs ehren die Schöpfung und glauben an einen liebenden, formlosen Gott. Sie lehnen das Kastensystem der Hindus ab. Sie streben den inneren Frieden an und wollen den Egoismus überwinden. Frauen und Männer sind gleichberechtigt. Die Männer lassen sich einen Bart stehen und verstecken ihr niemals geschnittenes Haupthaar in einem Knoten unter einem kunstvoll geschlungenen Turban, der ihnen Würde und Ansehen verleiht. Der wild wachsende Bart wird oft durch eine Gazebinde ans Kinn gepresst. Im Haar zeige sich die Kraft des Menschen, glauben die Sikhs. Sikhs haben wir immer als angenehm und vertrauenserweckend erlebt. Sie sind zumeist gebildet, weltoffen, geschäftstüchtig und wohlhabend. In Nordindien bauten sie ihre politische Macht aus. Sie bildeten ihre eigenen Streitkräfte aus, um sich verteidigen zu können, denn immer wieder wurden sie verfolgt. Als die Briten Indien 1947 in die Unabhängigkeit entließen, wurde der Punjab in eine pakistanische und eine indische Hälfte geteilt. Hindus, Sikhs und Moslems schlachteten einander ab. Millionen kamen um. Die Muslime flohen in den jungen Staat Pakistan, die Hindus, die dort lebten, nach Indien.

1966 bewilligte Indira Gandhi den Sikhs die Punjabi-Suba, eine eigene Sprachprovinz. Die von Hindus bewohnten Gebiete wurden abgetrennt und im neuen Bundesstaat Haryana zusammengefasst. Trotzdem gab es immer wieder gewaltsame Auseinandersetzungen zwischen der indischen Regierung und den Sikhs. Die Streitigkeiten eskalierten, als 1984 indische Soldaten den Goldenen Tempel erstürmten, eine unverantwortliche Provokation. Zehntausende Sikhs wurden hingemetzelt, 700 indische Soldaten fielen. Aus Rache wurde die Premierministerin Indira Gandhi von ihren Sikh-Leibwächtern erschossen.

Amritsar heißt übersetzt: „Teich der Unsterblichkeit". Über dem Wasserbecken der Tempelanlage schwebt der Goldene Tempel aus dem 16. Jahrhundert. Er ist über einen Marmorsteg erreichbar. Seine Kuppel ist mit Blattgold belegt, Intarsienarbeiten verschönern die Marmorsockel der Wände. Rund um das Bassin mit dem heiligen Wasser befinden sich Säulenhallen und Schlafräume für die Pilger. Der Boden besteht aus Marmorplatten, die in der Sonne gleißen und trotzdem kühl bleiben. In den Hallen sitzen Sikhs, einige schlafen. Jeder sucht Zuflucht vor der Hitze. An einigen Stellen wird Wasser

Der Goldene Tempel der Sikhs in Amritsar

in Messingschalen gereicht. Nach jedem Gebrauch werden die Schalen mit Sand abgerieben.

Im Goldenen Tempel liegt unter einem Baldachin das heilige Buch der Sikhs aus. Die Wände des Schreins sind mit feinsten Ornamenten, Malereien und Einlegearbeiten verziert. Beim Betreten des Tempels werfen sich die Gläubigen auf die Erde und berühren den Boden mit der Stirn. Gegen ein Entgelt bekommen sie eine gottgeweihte weiche Süßspeise auf Betelblättern, die sie sofort verzehren. Vor dem Baldachin stapeln sich Münzen. Im ersten Stockwerk sitzen zwei Sikhs vor großen heiligen Büchern. Im unteren Raum ertönt Tempelmusik, die durch Lautsprecher nach draußen übertragen wird. Gut integriert sind die vergoldeten Ventilatoren. Nur eine moderne Uhr passt nicht zum antiken Wandschmuck.

Wegen der Hitze bleiben wir lange im Tempel und gucken uns das Treiben im Schrein und in den Säulenhallen an. Im Bezirk rund um den Goldenen Tempel ist das Rauchen verboten und in den Läden gibt es keine Zigaretten zu kaufen. Sikhs trinken auch keinen Alkohol. Wir radeln zurück in unser Gästehaus. Mit einem Bein stehen wir schon fast in Pakistan.

Der Rakaposhi, Wahrzeichen des Hunzatals, auf dem Korakorum Highway in Pakistan

Pakistan

Über Lahore nach Isamabad und Taxila
100 Kilometer mit dem Fahrrad, 275 Kilometer mit dem Bus

David hat sich erholt und so setzen wir unsere Reise mit dem Fahrrad fort. Durch dichten Verkehr finden wir aus Amritsar hinaus. Auf der breiten Straße wird es schließlich ruhiger. Die Landschaft ist flach wie ein Brett. Es ist unerträglich schwül, der Schweiß fließt in die Augen und beißt. Nur der Fahrtwind verschafft uns ein wenig Kühlung. Ohne große Anstrengung gleiten wir dahin und erreichen nach 50 Kilometern Atari, den letzten indischen Ort vor der Grenze. Beim indischen Zoll gibt es keine Schwierigkeiten. David muss pro forma eine Radtasche aufmachen, und dann stehen wir vor dem Begrüßungsschild „Welcome in Pakistan". Die Zollgebäude mit ihren gewienerten Böden blitzen vor Sauberkeit. Der Rasen ist gepflegt. Die Grenzbeamten fragen freundlich nach unserem Woher und Wohin. In einer Wechselstube tauschen wir Geld, erhalten pakistanische Rupien und radeln dann ins Land hinein. Im ersten Restaurant hinter der Grenze essen wir. Von einem indischen unterscheidet es sich kaum. Der Glanz der Grenze liegt hinter uns. Das wirkliche Leben, durchsetzt mit Staub und Schmutz, hat uns eingeholt. Alle sitzen und schwitzen.

Nach 30 Kilometern erreichen wir Lahore, eine große Stadt. Wir fragen uns zur „Salvation Army", der Heilsarmee, durch. Sie stellt in vielen großen Städten saubere und preiswerte Übernachtungsmöglichkeiten zur Verfügung. Wir dürfen auf der Rasenfläche zelten, denn die Betten in den Schlafsälen sind belegt. Es ist unwahrscheinlich heiß. Das Duschen nützt nicht viel. Der Schweiß rinnt Tag und Nacht.

Mit dem Fahrrad fahren wir durch die belebten Geschäftsstraßen. Der Verkehr kommt uns schneller vor als in Indien, vielleicht wegen der vielen Pkws, die es in Indien in dieser Anzahl nicht gab. David fährt zurück zum Zelt und ruht sich aus und ich gehe ins Lahore-Museum, einen roten Sandsteinbau in der „Mall", der Hauptgeschäftsstraße Lahores. Es zeigt Werke der Moguln, Sikhs und Briten. Die ältesten Ausstellungstücke stammen aus der Harappa-

Kultur, eine der frühesten Kulturen der Menschheit, die im 3. Jahrtausend vor unserer Zeitrechnung in Mohenjo-Daro und Harappa am Indus erblühte. Die Menschen kannten schon die Töpferscheibe und stellten Teller, Becher, Schalen, Wasserkrüge und Vorratsbehälter her. Die rote Keramik dekorierten sie mit schwarzen Strichen.

Seit dem 11. Jahrhundert ist Lahore ein Zentrum der islamischen Kultur. Zwischen 1585 und 1598 war die Stadt der Regierungssitz des indischen Mogulreiches. Der Großmogul Akbar erbaute im 16. Jahrhundert das riesige Fort. Von 1799 bis 1848 war Lahore die Hauptstadt der Sikhs. Dann kamen die Briten und machten sich auf dem indischen Subkontinent breit.

Am nächsten Tag besuchen wir das Fort, das man einfach verwahrlosen lässt. Die Spiegeldecken bröckeln, der Putz fällt von den Mauern. Viele pakistanische Besucher schlendern durch die Gänge und Hallen, denn heute ist Freitag, für die Muslime also Sonntag. Die Shalimar-Gärten, die zur Festung gehören, sind den Gärten Srinagars nachempfunden: Marmorwege fassen Teiche ein, Brunnen und Fontänen plätschern, Zypressen, Platanen und Maulbeerbäume werfen Schatten auf Wege und Rasen. Kugelrund geschnittener Buchsbaum fasst die Blumenbeete ein. Mango-, Aprikosen-, Mandel- und Granatapfelbäume duften. Petunien, Dahlien, Feuersalbei und Schleierkraut blühen am Rande der Wasserbecken und Kanäle. Vögel zwitschern in den Bäumen. Der Großmogul Shah Jahan (1592 – 1666) ließ den Garten anlegen. Er erbaute auch die Große Moschee in Alt-Delhi und das Tadsch Mahal in Agra, ein Grabmal aus gleißendem Marmor für seine Lieblingsfrau.

Gegenüber dem Fort liegt die Bahadschei-Moschee aus dem 16. Jahrhundert, die zweitgrößte Moschee in Pakistan. Über dem roten Sandsteinbau erheben sich drei weiße Halbkugeln aus Marmor. Mächtige Mauern fassen den weiten, leeren Platz vor der Moschee ein. Mit Kuppeln gekrönte, schlanke Minarette besetzen die vier Ecken des Platzes.

Wegen der Hitze nehmen wir für die 275 Kilometer lange Strecke nach Rawalpindi einen Kleinbus. Zum ersten Mal müssen wir die Räder und das Gepäck nicht selbst verladen. Der Fahrer steigt aufs Dach und zurrt gemächlich die Räder fest. Sehr angenehm! Wir setzen uns in den klimatisierten Bus und fahren die verkehrsreiche „Grand Trunk Road" entlang, die nach Peshawar an der Grenze zu Afghanistan führt. Die Luft flirrt vor Hitze. Die Landschaft ist flach, ausgedörrt und eintönig. Nach sechs Stunden sind wir da.

Schon Mitte des 19. Jahrhunderts war Rawalpindi eine Garnisonsstadt. Sie ist heute noch der Sitz des pakistanischen Militärs. Wir bleiben nicht lange, sondern schwingen uns auf die Räder und radeln nach Islamabad. Die neue Hauptstadt Pakistans ist erst fünfzehn Jahre alt und liegt in der Nähe Rawalpindis. Sie besteht aus großen Vierteln, weiten, langen Alleen und riesigen Park- und Grünflächen. Jedes Viertel hat einen eigenen Markt und eigene Geschäfte. Die durch und durch geplante und saubere Stadt, in der nichts organisch gewachsen ist, macht einen langweiligen und leblosen Eindruck.

Wir zelten im Tourist Camp unter Bäumen. Motorradfahrer aus England und aus Deutschland haben nebenan ihre Zelte aufgeschlagen. Ein spanischer Radfahrer, Jordio, hat den Karakorum Highway nach China – wie wir – noch vor sich, ein Österreicher hat ihn bereits bezwungen und ist mit dem Bus aus China zurückgekehrt. Von ihm erhalten wir wichtige Informationen, vor allen Dingen über Gefahren in der Provinz Kohistan, über Raubüberfälle und über Steine werfende Kinder. Ab Gilgit, 1500 Meter hoch in der Provinz Baltistan gelegen, werde diese berühmte Straße besonders schön. „Nehmt den Bus, dann habt ihr mehr Zeit für eine unglaublich eindrucksvolle Bergstrecke durch den Karakorum, über den 4700 Meter hohen Khunjerab-Pass und den Pamir auf der chinesischen Seite!" Allein wegen der unerträglichen Sommerhitze wollen wir ein Stück mit dem Bus in kühlere Regionen hinauffahren.

In den Läden finden wir viele importierte Güter: Thunfisch, Sardinen, Dosenfleisch, Haferflocken, Nescafé. Wir hatten gehofft, Kartoffelpüree, unsere Lieblingsspeise, zu entdecken, doch leider hat es seinen Weg nach Pakistan noch nicht gefunden. Die chinesische Botschaft stellt uns ein Dreißig-Tage-Visum für China aus. Zur Einreise können wir uns zwei Monate lang Zeit nehmen. Auf der Suche nach dem Touristenbüro der Stadt landen wir beim Ministerium für Tourismus und treffen einen jungen Mann, der dort im Büro arbeitet und Reiseleiter auf Trekkingtouren ist. Er bietet uns Tee an und am nächsten Tag, als wir ihn erneut besuchen, Erfrischungsgetränke. Er stellt uns ein paar Empfehlungsschreiben aus. Sie sollen helfen, dass wir in den Hotels am Karakorum Highway freundlich empfangen werden und zelten dürfen.

Bevor wir den Karakorum Highway, kurz KKH genannt, in Angriff nehmen, wollen wir die archäologische Stätte Taxila in der Nähe Islamabads besuchen. Wir haben uns kaum auf die Räder geschwungen, da ist mein Hinterreifen platt. Der neue Schlauch, den mein Bruder mir mit drei weiteren aus Deutschland geschickt hat, ist am Ventil defekt, dort, wo wir ihn nicht flicken können. Zwei andere Schläuche von Michelin wiesen bereits denselben Fehler auf. Also, nie wieder Michelin! Ich ziehe einen chinesischen Schlauch auf.

Die Mittagshitze setzt ein. In der Sonne herrschen Temperaturen von 45 Grad Celsius. Pakistan ist ein Backofen! Bei der geringsten Bewegung und der kleinsten Steigung rinnt der Schweiß in Strömen. Mein Kopf fühlt sich an wie Brei und die Gedanken fließen zähflüssig oder gar nicht. Ansonsten ist Rad fahren angenehmer als herumzusitzen, weil der Fahrtwind eine winzige, aber wirklich nur eine winzige Abkühlung verschafft. Erschöpft von der Anstrengung in der Sonnenglut erreichen wir Taxila, wo wir in der Jugendherberge auch ohne Mitgliedsausweis übernachten dürfen. Wir bekommen sogar ein Doppelzimmer mit Bad. Der Aufenthaltsraum ist hell und freundlich und mit Tischen, Stühlen und sogar Sesseln ausgestattet.

Im 6. Jahrhundert v. Chr. war Taxila die Hauptstadt von Gandhara und gehörte zum persischen Großreich, das unter den Achämeniden vom Ägäischen Meer bis zum Indus reichte. Gandhara war eine der zwanzig Provinzen, in die das Reich aufgeteilt war. Im 4. Jahrhundert v. Chr. eroberte Alexander der Große aus Mazedonien Persien. Er drang bis Indien vor und baute in Taxila Kasernen für seine Truppen. Die griechische Herrschaft dauerte kaum zehn Jahre, von 326 v. Chr. bis 317 v. Chr., hinterließ aber trotzdem Spuren. Griechische Schriftzeichen und Münzen, hellenistische Stilelemente in der Baukunst und in der Bildhauerei gibt es im Osten Irans, in Nordpakistan und sogar in einigen Oasen im Tarimbecken in Nordwestchina.

Schon damals führte ein Handelsweg nordwärts durch die Berge des Karakorum-Gebirges über den 4700 Meter hohen Khunjerab-Pass, den Pamir und hinunter ins Tarimbecken. Er stellte die Verbindung von Indien zu den großen in Ostwestrichtung verlaufenden Handelsrouten in China und Zentralasien her, die weiter nach Europa führten.

In dem unwirtlichen Gelände des Karakorum-Gebirges war der Pfad oft eng und brüchig. Er klebte an Klippen und schwebte über Abgründen und tosenden Flüssen. An halsbrecherischen Steilstücken bangten Wanderer um ihr Leben. Schwindel überkam sie, wenn sie sich vortasteten und nach einem Halt suchten. Mutig bahnten sich Händler, Pilger, Missionare und Abenteurer schon damals ihren Weg durch Schluchten und Täler, über Pässe und durch lebensfeindliche Wüsten.

1877 taufte Ferdinand Freiherr von Richthofen dieses Wegenetz, das aus mehreren großen Karawanenrouten bestand, auf den Namen „Seidenstraße", der die Fantasie der Menschen noch heute erregt. Das Wort klingt nach Ferne, Weite und Abenteuer, nach alten, untergegangenen Kulturen und unbekannten, geheimnisvollen Landstrichen.

Kaiser Ashoka übernahm 272 v. Chr. die Regentschaft über Indien und förderte den Buddhismus. Als Vizekönig hatte er in Taxila regiert, bis er das Erbe seines Vaters antreten konnte. Unter ihm entstand der große Dharmarajika-Stupa, der die Asche des historischen Buddhas enthielt. Ab 185. v. Chr. herrschten die baktrischen Griechen, 455 n. Chr. zerstörten die weißen Hunnen Taxila. Der Brite Alexander Cunningham entdeckte die Ruinen Mitte des 19. Jahrhunderts und fing mit den Ausgrabungen an.

Wir besuchen das schöne Museum in Taxila. Buddha-Statuen tragen hellenistische Gesichtszüge, Stupas, die die Archäologen ausgegraben haben, füllen die Hallen, Gold- und Silberschmuck glänzt neben alten Münzen. die ausgestellten Friese aus Sandstein zeigen Szenen aus dem Leben Buddhas, sie schmückten einmal Tempel.

Wir radeln nach Dharmarajika hinaus und besichtigen den großen Stupa aus dem 2. Jahrhundert v. Chr., den ältesten buddhistischen Schrein in Pakistan. Nebenan stehen die Grundmauern eines ausgedehnten buddhistischen Klosters. Ein Mann weist uns den Pfad durch die Felder zu den Ausgrabungen von Sirkap. Umgeben von weich geschwungenen Hügeln liegen die Grundmauern der 2000 Jahre alten Stadt, die der griechisch-baktrische König Demetrius gründete, unter glühender Sonne. In der Nähe steht ein verfallener griechischer Tempel.

Wir versuchen einen Bus zum Karakorum Highway nach Abottabad oder Mansehra zu bekommen, es ist hoffnungslos: Alle Busse kommen von Rawalpindi, sind besetzt und auf der Durchfahrt. Sie halten gar nicht an. Es bleibt uns nichts anderes übrig, als mit einem Bus nach Rawalpindi zurückzukehren. Er fährt vor und ist in Eile. Der Schaffner wirft mein mit zwei Radtaschen beladenes Fahrrad namens Flöhchen mit Schwung aufs Dach. Von Davids Rad können wir die Taschen in letzter Sekunde abnehmen, ehe es der Mann ebenfalls nach oben schleudert. In Rawalpindi angekommen, steigen wir um in einen Bus nach Gilgit. Das knapp 600 Kilometer entfernte Bergdorf liegt 1500 Meter hoch in der Bergwüste Nordpakistans und ist der Hauptort der Provinz Baltistan. Nach ungefähr achtzehnstündiger Fahrt werden wir Gilgit erreichen.

Trocknen von Aprikosen in Altit (Karimabad), Karakorum Highway

Der Karakorum Highway:
von Rawalpindi zum Khunjerab-Pass
600 Kilometer mit dem Bus, 280 Kilometer mit dem Fahrrad

Der Karakorum Highway

Der 1284 Kilometer lange Karakorum Highway, kurz KKH genannt, führt über den 4730 Meter hohen Khunjerab-Pass und verbindet die Oasenstadt Kashgar am Rande der Taklamakan-Wüste auf der chinesischen Seite mit Islamabad und Rawalpindi auf der pakistanischen. Der Khunjerab-Pass ist der höchste Punkt der Strecke und bildete gleichzeitig die natürliche Grenze zwischen den beiden Ländern. Die Grenzübergänge befinden sich auf pakistanischer Seite in Sust, 90 Kilometer vor der Grenze, und auf chinesischer Seite in Tashkurgan, 130 Kilometer hinter der Passhöhe.

Der Khunjerab-Pass trennt zwei große Gebirge, den Karakorum, einen Ausläufer des Himalajas, und den Pamir. Im Zentrum des Karakorums erhebt sich der K2, mit 8611 Metern der zweithöchste Berg der Erde nach dem Mount Everest. Einen Katzensprung vom Indus und KKH entfernt, ragt der 8125 Meter hohe Nanga Parbat in den pakistanischen Himmel. Der Höhenunterschied zum Industal beträgt 7000 Meter. Die südlich gelegene Rupalwand des Nanga Parbat ist mit 4500 Metern die höchste Steilwand der Welt.

Im Pamir reckt sich der 7546 Meter hohe Muztagh Ata, der „Vater der Eisberge", hinter dem 3700 Meter hoch gelegenen Karakul-See in den chinesischen Himmel. Er befindet sich direkt neben dem KKH und überragt die weit geschwungenen Hochtäler des Pamir-Gebirges, die der Reisende auf dem Weg nach Kashgar durchfährt. Das Gebirgsmassiv des 7719 Meter hohen Kongur Shan bildet zum Norden hin eine Barriere.

Die engen, hohen Täler der Bergwüste in Pakistan stellten die Straßenbauingenieure vor große Probleme. Die Straße schlängelt sich durch ein Gebiet, wo der ständige Druck aneinanderreibender tektonischer Erdplatten die Ursache für Erdbeben und das Wachsen der Berge ist. Die Arbeiter schufteten 20 Jahre lang, um die „Straße der Freundschaft" fertigzustellen. Sie sprengten das Straßenbett aus den steilen, hohen Bergflanken des Karakorum-Gebirges, bauten Brücken über die reißenden Flüsse und bewegten gigantische

Massen von Erde und Gestein. Offiziell sollen 812 pakistanische Arbeiter und 82 chinesische tödlich verunglückt sein. 1978 war der gut begradigte und asphaltierte KKH fertiggestellt, ein Meisterwerk der Straßenbaukunst. Er wurde dem Verkehr übergeben. Die höchste überstaatliche Fernstraße der Welt erleichtert den Handel zwischen den beiden Ländern und wurde auch aus strategischen Gründen gebaut. Sie ist so breit, dass zwei Panzer aneinander vorbeifahren können.

Das Geröll der nackten Flanken ist ständig in Bewegung, Steine und Felsen kollern zu Tal. Nach jedem Regenguss ergießt sich eine Lawine aus Erde und Gestein in die Tiefe und verschüttet Wege und Straßen. Ein Heer von Arbeitern ist nötig, um die zerstörten Abschnitte auszubessern oder in versetzter Lage neu zu gestalten, auch heute noch.

Wanderung zum Ultar-Gletscher, Karimabad, Karakorum Highway

Durch das „wilde Kohistan" nach Gilgit

Offiziell beginnt der KKH in Havelian hinter Abottabad, einer einstmals britischen Garnisonsstadt. Tee- und Reisfelder breiten sich zu beiden Seiten der Straße aus, die sich zu einem 1650 Meter hohen Pass hochschraubt. In Serpentinen fällt sie nach Thakot ab und erreicht den Indus und den Distrikt Kohistan, einen einsamen, isolierten und unterentwickelten Teil der „North West Frontier Province" in Nordpakistan. Das „wilde Kohistan" gilt als das „Land der Unregierbaren" und der „Gesetzlosen". Fremde sind hier nicht gern gesehen. Vier Polizisten steigen in den Bus und begleiten uns. Sie halten ihre langen Gewehre griffbereit. Nicht nur der großen Hitze wegen sitzen wir im Bus, sondern vor allem wegen der Gefahren, die im „wilden Kohistan" auf Durchreisende lauern. Die kahle Bergwelt reflektiert die brütende Hitze des Tages. Als die Dämmerung einsetzt, sehen wir leider nicht mehr viel von der Landschaft. Die tiefe Schlucht, die sich der Indus durch die hohen Gebirge Kohistans gegraben hat, versinkt im Dunkel der Nacht. Tagsüber dringt nur wenig Sonnenlicht in den Canyon, steht in unserem Reiseführer, er wirft seine Schatten über die Straße. Manchmal ächzt unser Bus ein Steilufer hoch. Die Straße klebt an den steilen Flanken der Felsen hoch über dem mit Gletscherwasser gefüllten Strom. Beim Bau des KKH forderte diese Strecke die meisten Menschenleben.

Nachts halten wir in Besham an, um in einem Restaurant zu essen. Nebenan säumen Läden die Straße. Wir glauben unseren Augen nicht zu trauen: In den Auslagen liegen Gewehre und Pistolen zum Verkauf. Das „wilde Kohistan" scheint wirklich ein heißes Pflaster zu sein! Immer wieder soll es Raubüberfälle geben. Wir sind froh, dass wir im Bus sitzen und nicht im Zelt.

Kurz darauf erreichen wir den Ort Pattan, das Epizentrum eines Erdbebens, das 1974 die Bergwände erzittern ließ, mehrere Dörfer zerstörte und 7000 Menschen den Tod brachte. Am 8. Oktober 2008 erschütterte ein weiteres Erdbeben ungeheuren Ausmaßes die Region. 80 000 Tote waren zu beklagen, 3,5 Millionen Menschen wurden obdachlos. Tagelang berichteten die Medien rund um die Welt von der Katastrophe. Die Gesteinsschichten der ozeanischen Platte, ein Überbleibsel des urzeitlichen Tethys-Meeres, kollidieren an dieser Stelle mit denen der indischen Platte und haben sich an die Erdoberfläche geschoben. Geologen wissen die Schichten zu unterscheiden. Die Straße steigt auf nach Dassu, der Hauptstadt Kohistans, und fällt nach

Shatial ab. Der KKH folgt dem Indusbogen nach Osten und erreicht Chilas und damit die Grenze des „wilden Kohistans".

Chilas ist berühmt für seine Felszeichnungen. In dieser Region gibt es 3000 Bilder und 5000 Inschriften. Die ältesten stammen aus dem 5. bis 2. Jahrtausend vor unserer Zeitrechnung, die jüngsten aus dem 14. und 15. Jahrhundert. Archäologen haben über zehn Schriften identifiziert, darunter die hebräische. Schon lange bevor es Züge, Autos und Flugzeuge gab, waren Reisende aus vielen Ländern hier unterwegs, oft Monate und Jahre. Sie scheuten keine Mühe und sie trotzten jeder Gefahr.

Auf den nächsten 85 Kilometern fließt der Indus nach Norden. Zur Rechten liegt auf dieser Strecke der über 8000 Meter hohe Nanga Parbat, verborgen in der Schwärze der Nacht. Er ist als „Diamir", „König der Berge", bekannt und gehört zum West-Himalaja. Wir bekommen ihn leider nicht zu Gesicht.

Es wird hell. Der KKH führt über die Raikhot-Brücke. Bald darauf verlässt er das Industal und führt am Gilgit River hoch. An dieser Stelle treffen drei gewaltige Gebirgszüge aufeinander: Der Karakorum liegt im Nordosten, der Hindukusch im Nordwesten und der Himalaja im Süden.

Todmüde steigen wir in Gilgit aus dem Bus. Im Garten des Madina-Gästehauses dürfen wir zelten. Wir wohnen in einem schönen Camp mit großer, überdachter Sitzecke, wo wir uns mit anderen Reisenden treffen, unsere Tagebücher schreiben und essen. Die Leitung des Hauses ist freundlich, der Service gut und das Abendessen exzellent. Die Hitze ist immer noch groß!

Die Motorradfahrer, die wir in Islamabad trafen, sind da, und einige Radfahrer: ein Japaner, der wie wir den Bus von Rawalpindi nach Gilgit genommen hat, zwei Schotten, die die nördliche Seidenstraße um die Takalmakan-Wüste in China und den KKH von Kashgar aus radelten, ein amerikanisches Paar, das ebenfalls in Kashgar startete. Der Karakorum Highway ist unter Radfahrern „in"!

In Gilgit erwarten wir Post. Wir gehen zum Amt und stehen vor einem Chaos: Überall werden Briefe sortiert, auf den Tischen, in den Gängen, draußen auf der Erde. Für uns sind keine Briefe angekommen. Oder haben die Angestellten sie noch nicht einsortiert? Oder sind sie in diesem Durcheinander verloren gegangen? Wir warten zwei Tage, bevor wir uns – ohne Post! – auf die Räder setzen, um den KKH im Schweiße unseres Angesichts zu erobern.

Gilgit liegt 1500 Meter hoch am Gilgit River, über den eine mächtige Hängebrücke führt. Im Städtchen gibt es einen bunten Basar mit reichhaltigem Angebot. In zwei „Campingläden" werden gebrauchte Artikel verkauft, die westliche Wanderer hier zurückließen: Schlafsäcke, Kocher, Wanderschuhe, Zelte. In mehreren Reisebüros können Gletschertouren gebucht und Wanderführer angeheuert werden. Im Garten einiger Hotels dürfen Wanderer ihr Zelt aufschlagen. Auf dem Basar laben wir uns immer wieder am leckeren, frisch gepressten Mangosaft.

Wir lassen uns Pluderhosen aus leichtem Baumwollstoff anfertigen, denn in Pakistan sind die Kleidervorschriften streng. Weder Männer noch Frauen zeigen Körperformen und nackte Haut. Die Männer sind von Kopf bis Fuß in lose Gewänder gehüllt. Auf dem Karakorum Highway können T-Shirts getragen werden, auch von Frauen, aber in touristisch unerschlossenen Gebieten sollte man die Arme bedecken, um keinen Anstoß zu erregen.

Im Hunza-Tal

Es ist leicht bewölkt und ein wenig kühler als sonst, als wir die Brücke über den Gilgit River überqueren, um zum Hunza River aufzusteigen. Wir erreichen schnell das Hinweisschild am Straßenrand, das über die Entfernungen zwischen den Orten am KKH informiert und den Besucher im Hunza-Tal willkommen heißt. Der KKH führt durch eine braune, kahle Bergwelt und die grünen Oasen der Dörfer. Selten ist er zu steil, er ist gut begradigt, das Radfahren ist weitaus einfacher als im indischen Himalaja. Wasser filtern wir aus den Bewässerungsgräben am Straßenrand.

Unsere heutige Etappe endet früh, denn ich habe meine Sonnenbrille verloren. Beim Wasserfiltern an einem Bewässerungsgraben hatte ich sie an den Lenker gehängt. Ein paar Kinder standen dicht neben den Rädern und guckten zu. Haben die etwa meine Sonnenbrille genommen? Ich vermute das. Wir zelten vor einem kleinen Hotel am Weg. Ich radele zurück bis zum nächsten Dorf und frage die Leute. Sie wiederum wollen die Kinder fragen.

Der Manager unseres Hotels begleitet als Koch Expeditionen in die Gletscherwelt Pakistans. Er zeigt uns Fotos und erzählt von Trekkingtouren, die ohne Führer nicht möglich sind. 82 Berge Pakistans sind höher als 7000 Meter, einige Gletscher, die von ihnen hinabfließen, gehören zu den längsten der Welt.

Am nächsten Morgen erkundige ich mich im Dorf nach meiner Sonnenbrille. Sie ist nicht aufgetaucht! Wie soll ich jetzt die grelle Sonne ertragen?

Kaum haben wir uns auf den Weg gemacht, stehen wir vor einem Erdrutsch. Ein Strom von dunklem Matsch fließt vom Hang wie flüssiges Lavagestein. Geröll und Wasser haben die Straße in ganzer Breite verschlammt. Eine Planierraupe versucht ihr Bestes und kämpft gegen das Ärgernis an. Ein Pakistaner sitzt am Schlammbach, beobachtet die Erdmassen und dirigiert den Verkehr: „Fahrt! Im Augenblick herrscht keine Erdrutschgefahr!" Wir schieben durch knöcheltiefen Morast, werden von einem vorbeipreschenden Jeep bespritzt und säubern uns und die Räder auf der anderen Seite in einem Bewässerungsgraben so gut es geht.

Am Mittag ziehen schwarze Wolken auf. Wir befinden uns glücklicherweise an einer Stelle, wo das Tal weit ist, spannen über einen vor Steinschlag geschützten Platz eine Plane, kochen und trinken Tee und warten einen schweren Schauer ab. Bei Chalt knickt das Tal nach Osten ab. In dieser Region kollidiert die indische mit der asiatischen Platte. Noch heute bewegt sich die indische Platte mit einer Geschwindigkeit von fünf Zentimetern im Jahr nach Norden und schiebt sich unter die asiatische. Der Druck ist gewaltig, kleine Erdbeben erschüttern laufend das Terrain. Die Berge wachsen jährlich bis zu eineinhalb Zentimeter.

Müde erreichen wir Ghulmet und ein Stück weiter das „Rakaposhi-Echo-Hotel" am Fuße des 7790 Meter hohen Rakaposhi, dem Wahrzeichen des Hunza-Tals. Das „Hotel" besteht aus einem mannshohen Canvas-Zelt, das mit Pritschen ausgestattet ist. In einer Holzhütte nebenan können wir nach Vorbestellung abends essen. Wasser gibt es im Bach am Rande der Wiese und eine „Open-Air-Toilette" hinter jedem Busch. Wir schlagen unser eigenes Zelt auf und gucken bewundernd zum Rakaposhi hinauf und zum Ghulmet-Gletscher, der sich von den eisigen Höhen des Schneegipfels in eine Talmulde oben im Hang ergießt. Zwei rothaarige, überaus freundliche und zuvorkommende Brüder bieten den besten Service an, der ihnen möglich ist. Ein junger Franzose trifft auf seinem indischen Stahlrad ohne Gangschaltung ein. Er ist in Rawalpindi gestartet und unbekümmert durch das „wilde Kohistan" geradelt. Ihm ist nichts passiert. Er strotzt vor Kraft. Vermutlich ist er schneller als wir. Ich beneide ihn um die Sorglosigkeit der Jugend, die mit zunehmendem Alter leider verlorengeht.

Der nächste Tag beginnt regnerisch. Immer wieder gibt es Schauer, die den Rakaposhi verschleiern. Ich bin erkältet und ruhe mich aus. Am nächsten Tag steigen wir in gut drei Stunden auf schmalem, steilem Pfad bis zur Gletscherzunge auf. Bis zum Base-Camp werden wir es heute nicht mehr schaffen. Wir kehren um. Mit Blasen an den Zehen und Muskelkater in den gummiweichen Beinen komme ich im „Hotel" an. Aber schön war der Ausflug trotzdem!

Ein Stück weiter liegt Hasanbad auf 2239 Meter Höhe. Die Straße schlängelt sich an den steilen, zerklüfteten Bergketten entlang, die von schneebedeckten Bergen überragt werden. Der Hunza River hat sich tief ins Tal gefressen und haushohe, vertikale Uferwände geschaffen. Die Landschaft wirkt groß und gewaltig, mir wird fast schwindlig.

Die Mittagshitze warten wir im Schatten einer Pappel ab. Bis Karimabad, Baltit genannt, ist es nicht mehr weit. Auf einer Nebenstrecke steigen wir zum Hauptort des alten Königreiches in 2500 Meter Höhe auf. Die Straße führt durch die Schatten spendenden Obstplantagen der Oase von oben nach Karimabad hinein. Die Aprikosen sind gerade reif und leuchten an den Bäumen.

In Karimabad findet der Tourist alles, was er braucht. Luxusherbergen entstehen. Reiche pakistanische Geschäftsleute sind dabei, eine Tourismusindustrie in großem Stil aufzubauen. Statt in einem der Hotelgärten zu zelten, nehmen wir ein Zimmer im Karakorum-Hotel, damit ich meine Erkältung auskurieren kann.

Das Städtchen liegt hoch über dem KKH, umgeben von grünen Terrassen und Aprikosenhainen. Die mittelalterliche Burg Baltit war einst der Regierungssitz des Hunza-Königreiches. Sie liegt am oberen Rand der Oase vor einer riesigen Felsenschneise, durch die ein Weg zum Fuß des 7388 Meter hohen, schneebedeckten Ultar-Massivs führt. Vom Hotelfenster aus blicken wir auf die zurzeit mit Gerüsten verkleidete, stattliche Burg, auf die dunkel gähnende Schlucht und auf Ultar I und Ultar II, die zwei höchsten Berge des Massivs, die noch niemand erklommen hat, wie unser Hotelmanager uns erzählt.

Viele Mythen spinnen sich um das Volk der Hunzakuts. Jahrhundertelang lebten sie versteckt im Hunza-Tal und entwickelten die Sprache „Burushaki", die mit keiner anderen auf der Welt verwandt ist. Einige Hunzakuts haben blaue Augen, blonde Haare und eine helle Haut. Sie gelten als Nachfahren Alexanders des Großen. Und viele Menschen werden steinalt. Über Hundertjährige sind keine Seltenheit. Wissenschaftler glauben, das Essen von Getreide, Gemüse, getrockneten Aprikosen und wenig Fleisch sei das Geheimnis eines langen Lebens. Die Hunzakuts glauben, es liege am Wasser. Sie trinken das mit Sedimenten vermischte Gletscherwasser der Flüsse. Grau und ungefiltert fließt es aus Wasserhahn und Dusche unseres Hotels.

Spätestens seit dem 11. Jahrhundert ist das Hunza-Tal besiedelt. Die Dörfer Baltit, Altit und Ganesh stammen aus dieser Zeit. Die Herrscherdynastie der Mirs stellte für 900 Jahre die Könige. Erst 1974 gab der Mir seinen Machtanspruch auf. Pakistan griff zu und übernahm offiziell die Regierungsgeschäfte des Hunza-Tals.

Der Mir, Aga Khan IV., Führer der Ismaeliten gilt als der direkte Nachfolger des Propheten Mohammed. Er genoss eine orientalische und eine europäische Erziehung. Sein Hauptwohnsitz befindet sich in Frankreich in der Nähe von Paris. Sein „Aga Khan Development Network" verwirklicht Projekte zur Verbesserung der Gesundheit, Bildung, Architektur und zur ländlichen Entwicklungshilfe. Seinen Untertanen im Hunza-Tal hat der Mir geraten, nicht zu rauchen. So gibt es nur in einem einzigen Laden am Rande Karimabads Zigaretten zu kaufen. Dagegen ist der Genuss des Obstschnapses, der im Tal gebrannt wird, erlaubt. Die Spezialität der Hunzakuts ist ihre selbst zubereitete Marmelade. Ich probiere sie und finde sie zu wässrig. Exzellentes Essen bekommen wir im Hotel: Spinat mit Kartoffeln und Hühnercurry mit Reis.

Die Burg Baltit ist wegen Umbauarbeiten geschlossen. Wir wandern zum nahe gelegenen Dorf Altit. Dort gibt es eine kleinere Burg. Sie steht auf einem Felsen, überragt die kastenförmigen, ineinander verschachtelten Häuser des Dorfes und ist – wie die Häuser – aus dem grauen Gestein und dem grauen Sand der Umgebung erbaut. Der einfache, fast schmucklose Bau verfällt. Die Könige, die hier einmal residierten, lebten nicht viel üppiger als das Volk. Alle besaßen gleich viel, darum gab es kaum Neid und Streit. Die Kriminalitätsrate im Hunza-Tal war niedrig. Für lange Zeit brauchte das Volk nicht einmal eine Polizei. Das änderte sich mit dem Bau des Karakorum Highways. Heute kommen Fremde ins Tal, machen Geschäfte und wecken Begehrlichkeiten.

Von der Burg aus blicken wir über die Flachdächer der Häuser, auf denen Korbschalen voller Aprikosen zum Trocknen ausliegen. Die Früchte leuchten auch im Grün der Bäume vor den Bergen, kleine, energiegeladene Sonnen, die wichtige Nährstoffe für den Menschen enthalten, Mineralstoffe und Vitamine. Aus den Kernen gewinnen die Hunzakuts Öl, das sie zum Kochen verwenden.

Eine Kurzwanderung führt durch die Felsenschlucht hinter Karimabad hinauf zum Gletscher und zu Schäferhütten, die auf den Weiden am Fuß der Ultar-Berge stehen. Viele Wanderer steigen in einem Tag auf und ab und bedauern später, sich für dieses Naturerlebnis erster Güte nicht mehr Zeit genommen zu haben. Wir nehmen Zelt und Proviant für eine Woche mit und gehen schwer bepackt zur Burg von Baltit hoch. Dahinter führt der Weg hinunter in die Mündung des Canyons. Die Felswände türmen sich über uns. Das reißende Wasser des Gletscherflusses strömt uns entgegen. Der Pfad führt durch Geröll und Sand steil bergan. Wir erreichen die Gletscherzunge, die sich – durchsetzt mit Erde und Geröll – schwarz ins Tal schiebt. Die fließenden Eismassen haben einen Wall aus Moränen gebildet. David hält sich in der Nähe dieses Schutts auf, ich folge Spuren, die sich oben durch den Steilhang ziehen, bis ich vor einem Erdrutsch stehe, der den Saumpfad weggerissen hat. Ich klettere ein Stück über das Hindernis bis zu einem mit Felsbrocken gefüllten Bachbett, in dem der Fuß Halt findet. Steinschlag droht. Ich steige ab und kraxle über die dicken Steine, den Blick ständig nach oben gerichtet. Links und rechts breiten sich die lockeren Schichten des Erdrutsches aus und Steine poltern zu Tal. Total geschafft erreiche ich David, der schon dabei ist, Tee zu kochen. Unter der sengenden Sonne ruhen wir uns eine Weile aus. Schließlich erreichen wir die ersten Grünflächen des sich weitenden Canyons und entdecken einen flachen Platz mit frischem Quellwasser unter einer himmelshohen Felswand. Der Nachmittag ist zwar gerade erst angebrochen, doch wir schlagen unser Lager auf, denn wir haben ja Zeit. Der grau-schwarze Gletscher liegt wie eine Kohlenhalde vor uns und das Schmelzwasser, das die Oberfläche hinabrieselt, glitzert in der Sonne. Viele Pakistaner kommen vorbei, vermutlich auf dem Weg zu den Schäferhütten.

Der schlimmste Teil des Aufstiegs liegt hinter uns. Der Weg verläuft am nächsten Morgen durch Weidestreifen und über einen letzten Geröllhang. Hinter einer Kurve erblicken wir eine Schäferhütte am Rand eines grünen Hanges. Auf 3300 Meter Höhe schlagen wir unterhalb der Hütte das Zelt auf. Zum Greifen nahe erheben sich die über 7000 Meter hohen Berge Ultar I und Ultar II. Zwischen ihnen entspringt der Gletscher, der im unteren Steilstück als Eisfall zu den Moränen und Weiden stürzt. Fels- und Bergwände streben vertikal nach oben. Daneben erhebt sich der „Ladyfinger", eine 6000 Meter hohe Felsnadel aus Granit, die den Himmel durchsticht. Das Poltern und Donnern von Erd-, Eis- und Schneelawinen begleiten uns Tag und Nacht. Meistens ist das Ereignis gar nicht zu sehen, sondern nur zu hören, manchmal fliegen Staubwolken an den Hängen in der Ferne auf.

Wir gehen zum Wasserfall, der sich in zwei Stufen von den Felswänden in die Tiefe ergießt. Es scheint kein Weg aus der Klamm hinauszuführen. Die Einheimischen kennen einen Ziegenpfad, der die Klippen emporführt, wie wir später erfahren. An den Wasserfällen mögen wir 3600 Meter hoch sein. Ich wasche mich in der Nachmittagssonne, im Wind wird es sofort kühl. Plötzlich tut mir der Brustkorb weh und ich kann nicht mehr richtig durchatmen. David meint, vom schweren Gepäck hätten sich die Knochen verzogen. Ich verbringe eine schlechte Nacht und schlafe fast den ganzen nächsten Tag. Dann bin ich wieder fit.

Allein klettere ich nach „Hon" hinauf, einem Durchbruch im felsigen Bergkamm, der die abfallende Weide umgibt. Von dort soll man das Hunza-Tal überblicken können.. Ich glaube, ich wäre in einer halben Stunde oben. Doch die Wanderung dauert vier Stunden. Ohne Gepäck ist sie leicht. „Hon" soll 4600 Meter hoch liegen. Obwohl die Luft dünn ist, habe ich keine Probleme. Zum Schluss muss ich ein bisschen klettern und habe mein Ziel erreicht. Unter mir liegt das gewaltige Hunza-Tal, in das sich der Fluss tief eingefressen hat. Der Rakaposhi mit seinen vier Gletschern zeigt sich auf der anderen Seite in voller Pracht, östlich davon ragt ein schneebedeckter Berg auf, dessen Gletscher geschwungen und breit wie eine Autobahn ins Tal fällt. Parallel verlaufende Gebirgszüge reihen sich aneinander. – Ich steige ab. Anfangs erscheint das Zelt in der Tiefe wie ein stecknadelkopfgroßer Punkt. Als ich ankomme, hat David schon gekocht. Auch der Tee ist fertig.

Mit leichterem Gepäck wandern wir zurück nach Karimabad. Wir folgen dem Weg und klettern über den Erdrutsch. Männer versuchen, das weggebrochene Stück wieder in Ordnung zu bringen. Wir erreichen die Mündung des Canyons und sind schon fast im Hotel, und dann das: Der Gletscherfluss hat den Weg überflutet. David wagt sich drei Schritte in das tosende Nass und versucht sich an Vorsprüngen in der Wand festzuhalten. Noch ein Schritt, und er wird den Boden unter den Füßen verlieren. Wir finden einen flachen Platz zum Übernachten und Quellwasser zum Kochen in der Nähe. In der Kälte der Nacht wird das Gletscherwasser einfrieren und der Wasserstand sinken. Er ist am nächsten Morgen erheblich niedriger. David steigt erneut ins Wasser und versinkt immer noch bis zu den Hüften. Die Schlucht bleibt unpassierbar.

Jetzt erinnern wir uns: Ein Einheimischer war gestern Abend aufgetaucht, als wir vor dem Zelt saßen. Er zeigte auf einen ausgetrockneten Bewässerungskanal, der hoch über der Schlucht nach Karimabad führt. Zu dem stieg er auf, um nach Hause zu gehen.

Wir gehen ein Stück zurück und steigen zu dem Kanal hoch. Ein paar Mal ist der Weg nicht breiter als vierzig Zentimeter. Wir quetschen uns an die Wand und schweben über dem Abgrund. An überhängenden Felsen setzen wir die Rucksäcke ab. David kriecht vor, zieht die Rucksäcke an einem Seil zu sich und ich schiebe. Bloß nicht in die Tiefe gucken! Der Kanal endet an einem riesigen Erdrutsch, den wir ohne Gefahr hinabklettern. Wir erreichen den Weg, bald darauf das Hotel und frühstücken ausgiebig und lange. Dann duschen wir, waschen die Wäsche und ruhen uns aus. Zwei junge französische Bergsteiger, die wir schon an den Schäferhütten trafen, wollen den „Ladyfinger" ersteigen. Sie sind dabei, ein Base Camp zu errichten und holen ihre Rucksäcke, um sich auf den Endspurt vorzubereiten. „Für Berge unter 6000 Meter brauchen wir gar keine Genehmigung!", erzählen sie uns. Sie haben ihre Tour erfolgreich abgeschlossen, schreiben sie uns später.

Ich mache mich allein auf den Weg zurück nach Gilgit, um die Post abzuholen, die wir sehnsüchtig erwarten. Am frühen Morgen um fünf Uhr dreißig fährt ein Bus. Im Madina-Hotel nehme ich diesmal ein Zimmer und bekomme zur Begrüßung eine Tasse Tee auf Kosten des Hauses. Im Postgebäude herrscht dasselbe Chaos wie vor Tagen. Doch heute komme ich nicht umsonst, David erhält Post, für mich sind fünf Briefe aus der Heimat da. Ich genieße den Mangosaft in den Straßen Gilgits und kaufe mir eine neue Sonnenbrille.

Am nächsten Morgen kehre ich nach Karimabad zurück. Wie schon auf der Hinfahrt werde ich als Frau wie eine Königin behandelt. Der Fahrer weist mir den besten Platz in der ersten Reihe zu, und kein Mann darf sich neben mich setzen! Die Männer sitzen zusammengequetscht wie die Heringe hinter mir. Vom Bus aus ist von der Monumentalität des Hunza-Tals wenig zu sehen. Der Blick ist eingeengt. Die unteren Sektionen der Felswände fliegen vorbei, auf die oberen fehlt die Sicht. In Karimabad hat es unterdessen geregnet und gestürmt. In der Nacht wird es kühl. Wir denken an die beiden Bergsteiger, die hoffentlich geschützt in ihrem Base Camp sitzen und nicht von der steilen Felsnadel gepustet werden.

In den Gletschertälern der Passu- und Batura-Berge

Wir setzen unsere Fahrradtour fort und radeln einen steilen Erdweg hinunter, der an einer stabilen Hängebrücke über den Fluss endet. Sicheren Schritts gelangen wir auf die andere Seite. Von hier sehen wir das gewaltige Bett, durch das der Hunza schießt, all das Geröll, die dicken Felsen und den feinen, grauen Sand. Das Wasser sprudelt, zischt und braust. Senkrecht steigen die ausgetrockneten, zusammengepressten Lehmwände auf. Wir radeln und schieben, um die Asphaltstraße zu erreichen. Bevor die Piste in langen Zickzackkehren zum KKH aufsteigt, schlagen wir das Zelt für die Nacht auf. Zum Kochen filtern wir das graue Wasser aus dem rasenden Hunza River.

Circa fünf Kilometer schieben wir am nächsten Morgen die Räder zum KKH hinauf. Der Regen hat tiefe Rillen in den Weg gefräst. In den rutschigen Kehren und an Steilstücken schieben wir die Räder zu zweit. Endlich haben wir es geschafft! Kaum sind wir angefahren, ist Davids Hinterreifen platt. Die Ursache ist nicht ein Nagel oder eine Scherbe, sondern schlimmer, die Seitenwand des Mantels ist durchgescheuert und der Schlauch quillt hervor. David, der geborene Tüftler, klebt ein Stück Gummi auf die größte der defekten Stellen. Nach fünfzig Metern Fahrt erneut ein „Plop", ein weiteres Loch ist entstanden. David klebt lange Gummistreifen in die Seitenwand, um sie zu stabilisieren. Ob diese Notreparatur bis Kashgar hält, ist fraglich.

Vier junge Amerikaner kommen uns auf ihren Rädern entgegen. Sie verkaufen uns einen nagelneuen Reifen, angeblich den besten, den es gibt. Dabei hatte David schon die besten Reifen der Welt montiert, made in Japan. David holt den Benzinkocher heraus, kocht Tee und wir unterhalten uns lange im Schatten der Felswand.

Es ist heiß geworden. Wir sind durstig, hungrig und können nicht kochen, weil unsere Wasserflaschen leer sind. Nur mühsam schaffen wir die Steigungen. Wir essen schließlich Fisch aus der Dose, um uns zu stärken. Ein paar Meter weiter schießt klares Wasser aus einem Rohr. Wir sind müde und kochen Tee. In der nächsten Siedlung finden wir ein Plätzchen unter Pappeln neben einem Bewässerungsgraben und lassen uns für die Nacht nieder. Das Tal hat sich zu einer Schlucht verengt. Durch die Bäume blicken wir auf hohe Felswände.

Der KKH verlässt die Schlucht und führt bald darauf über den Hunza River auf die andere Seite. In dieser Gegend fließt der Fluss ruhig und gelassen. Wir erreichen Gulmit und frühstücken in dem Tourist Cottage am KKH. Gulmit liegt auf einem weiten, grünen Plateau vor gezackten Bergen. Die grauen, alten Steinhütten sind rund um den Poloplatz des Dorfes angeordnet. Bis 1970 lebte hier der Mir von Hunza. Sein Haus ist inzwischen verfallen, nur ein paar holzgeschnitzte Säulen erinnern an die Vergangenheit.

Hinter Gulmit reicht der Ghulkin-Gletscher fast bis zur Straße. Das graue Eis hebt sich kaum vom Geröll der Moränen ab, der Gletscher sieht wie eine riesige Schutthalde aus. Aus allen Ecken schießt Gletscherwasser durch das

Der Karakorum Highway bei Passu

Am Passu-Gletscher, Karakorum Highway

Gestein. Ein steiler, langer Anstieg bringt uns zum nächsten Ort. Wir kochen Tee und essen Reispudding, um Energie für die Weiterfahrt zu tanken.

Die Landschaft wirkt groß. Glatte Samthänge sind von geriffelten Berggruppen umgeben, die mit Hunderten von Türmchen bedeckt sind. In den Rillen schimmert silbergrauer, pulverfeiner Sand. Sandbänke durchziehen den breiten Fluss in der Tiefe und glänzen wie Fischleiber in der Sonne. Die Oasen leuchten grün wie Smaragde in der Bergwüste.

Bergab radeln wir auf Passu zu. Das Dörfchen liegt direkt am Fluss, die Steinhütten stehen zwischen Feldern und Gärten verstreut. Wir fahren um eine Kurve und ich springe vom Rad – so etwas habe ich noch nie gesehen: Direkt vor uns liegt der Passu-Gletscher, der schönste Gletscher der Welt. Er ist schneeweiß, durchsetzt mit unzähligen, gotisch anmutenden Eistürmen und füllt das ganze Tal aus. Wolken und ein starker Wind sind aufgekommen. Wir übernachten im Passu-Inn, einer Herberge mit einfachen Zimmern. Abends sitzen wir mit anderen Reisenden an einem langen Tisch, essen gemeinsam und unterhalten uns.

Am nächsten Morgen packen wir die Rucksäcke für eine mehrtägige Wandertour. Vom Passu-Gletscher aus wollen wir zum Yunz-Tal aufsteigen, das hinüberführt zum längsten Gletscher des Karakorum-Gebirges, dem 52 Kilometer langen Batura-Gletscher. Wir laufen die Straße entlang und finden endlich den Wanderpfad. Wir stapfen zum grau-braunen Gletschersee hoch und dann zum Gletschermaul hinunter: Aus einer riesigen Eishöhle ergießt sich der Fluss. Wände aus Eis und Eisbrocken schimmern im tosenden Wasser grün und braun. Je weiter wir am Gletscher hochsteigen, umso besser wird die Sicht. Geriffelte, riesige Eisberge füllen für viele Kilometer das Tal aus, eingerahmt von braunen Gebirgszügen. In der Ferne erheben sich Schneegipfel. Auf unserer Seite ragt eine gewaltige Schotterwand auf, hinter der das Yunz-Tal liegt. Es scheint unmöglich, sie zu überwinden. Wir sehen keine Spuren mehr, denen wir folgen könnten. Ein Steinmännchen, das uns den Weg weisen könnte, ist ebenfalls nicht zu entdecken. Inmitten der Geröll- und Steinwüste finden wir eine weiche Sandmulde in der Nähe eines Wasserlochs. Wir schlagen unser Lager auf und wollen morgen weitersehen.

Am nächsten Morgen entdecken wir eine Rinne in der Wand, zu der wir hochklettern, und siehe da, wir sind auf dem richtigen Weg. Steile, ausgetretene Stufen führen eine Wand hinauf. Oben angekommen, breitet sich zwischen Felstürmen das weit geschwungene Yunz-Tal aus. Mit seinem grünen Grasteppich wirkt es nach dem steinigen Aufstieg vom Passu-Gletscher samtweich und einladend. Gemütlich wandern wir in weniger als zwei Stunden zur anderen Seite und blicken von oben auf die endlosen, mit Geröll bedeckten Eismassen des Batura-Gletschers, dessen Schönheit sich aber mit der des Passu-Gletschers nicht messen kann. Wir folgen einem steilen, gut ausgebauten Pfad durch die senkrechten, zu Türmen ausgewaschenen Felswände, die den Batura-Gletscher einrahmen. Unten wachsen dornige Büsche und Büschchen im Sand.

Wir entdecken eine Hütte für Schäfer und Wanderer. In dem großen Raum befindet sich in einer Vertiefung ein flacher Ofen mit Schornstein. Zwei Herdringe lassen sich von der Platte nehmen, um zu kochen und Fladenbrot zu backen. Ein großer Topf, zwei Kessel und Teetassen vervollständigen die Küchenausstattung. Ein paar Meter entfernt finden wir auf dem Gletscher ein Wasserloch, holen Wasser, sammeln Holz, machen ein Feuerchen und setzen den Teekessel auf. Im Nu ist die Hütte mollig warm.

Am Spätnachmittag betritt ein Pakistaner mit seiner sechs Jahre alten Enkelin Bino die Hütte. Er trägt den typischen Salwar-Kameez-Anzug der Männer, ein langärmeliges, knielanges Hemd über Pluderhosen. Er besorgt noch einmal Wasser und Holz, kocht Tee und zieht sein Hunza-Brot aus dem Beutel, um es mit uns zu teilen. Das Fladenbrot der Hunzakuts besteht aus gemahlenem Buchweizen, vermischt mit Beeren, Gemüse, Walnüssen und Mandeln. Es ist das einzige Essen, das der Mann dabei hat. Da teilen wir lieber unseren Reispudding mit den beiden. Vor allen Dingen das kleine Mädchen genießt die süße Kost.

Als es dunkelt, zündet der Großvater des kleinen Mädchens eine Öllampe an. In sieben Stunden sind die beiden über den Gletscher gewandert. Die Kleine ist todmüde und trotz des Puddings ungehalten. Sie verzieht das Gesicht und ist kurz vorm Weinen. Ihr Großvater kümmert sich liebevoll um sie, spricht beruhigend auf sie ein und zieht ihr die Schuhe aus. In einem warmen Schlafsack überstehen die beiden die Kälte der Nacht. Und wir auch.

Auf der anderen Seite des Batura-Gletschers liegen mehrere Sommerdörfer im aufsteigenden Tal. Yashpert, unser Ziel, soll in sechs Stunden zu erreichen sein. Wir laufen los. Hinter der Hütte beginnt der Weg, der sich im Nu im Nichts auflöst. Es gibt keine Wegweiser und keine Markierungen. Unterhalb der Eiswände fließt ein Fluss, zu dem wir absteigen. Wir klettern über die Schuttberge und finden endlich eine Stelle, wo der Fluss unter einer Eisschicht verschwunden ist und wir die Strömung überqueren können. Und endlich gewinnen wir Abstand vom Ufer.

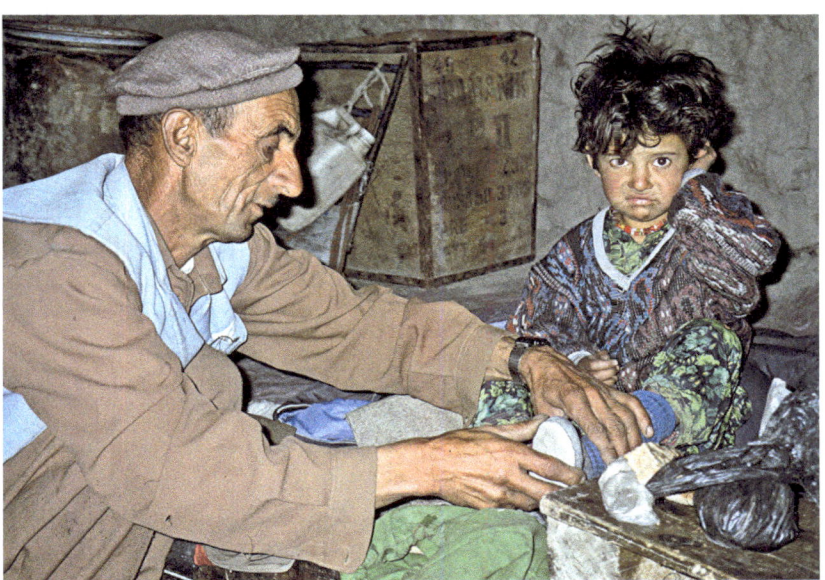

In der Schäferhütte am Batura-Gletscher, Karakorum Highway

Die Sonne scheint. Von haushohen Eisbergen poltert Gestein. Staub und Kiesel rutschen die Schmelzseite hinunter. Den ganzen Morgen kämpfen wir uns durch dieses unwegsame Gelände und erreichen schließlich die andere Seite des Gletschers. Und wo ist der Weg? Es ist keiner da. Die Gletscherhalden füllen das Tal aus. Das Hopsen, das Auf- und Absteigen und die Suche nach sicherem Tritt gehen weiter. Hinter jeder Felsenecke hoffen wir, auf den Weg zu treffen, immer wieder werden wir enttäuscht: Da ist kein ausgetretener Pfad!

Wir stehen vor einem Hang, der mit losem Geröll bedeckt ist. Ich will schon losmarschieren, doch David warnt, es sei zu gefährlich. Wir halten uns weiter links und klettern über die Moränen. Tatsächlich, von dem Lawinenhang kollern dicke Felsbrocken. Schließlich finden wir eine glatte und weiche Sandinsel inmitten des wie ein Trümmerhaufen wirkenden Geländes. Aus einem Wasserloch in der Nähe schöpfen wir Wasser, kochen und übernachten auf dem Gletscher.

Frisch gestärkt und ausgeruht kämpfen wir am nächsten Morgen weiter mit dem Batura-Gletscher. Endlich der Weg! Welche Erleichterung! Die ersten Büsche und Sträucher tauchen auf und dann die kleinen, flachen Oasen, wunderbare Zeltplätze. Die Steinwüste des Gletschers trennt die Oasen. Der Weg verläuft dann am Steilhang entlang. Plötzlich sehe ich David verschwinden. Er ist abgerutscht und mit dem schweren Gepäck gestürzt. Seine Knochen sind heil geblieben, doch eine Prellung am Oberschenkel macht das Gehen mühsam. In der nächsten kleinen Oase schlagen wir das Zelt auf. Ich klettere über die Moräne steil hinab zu einem Gletschersee und hole Wasser.

Am nächsten Morgen wandern wir ein Stückchen weiter und schlagen das Zelt früh an einem See auf, weil Davids Bein noch schmerzt. Wir erholen uns. Der Batura-Gletscher ist einer der wenigen, den ein fremder Wanderer laut Auskunft der Einheimischen im unteren Teil ohne Führung überqueren kann. Wir sind schnell vom kaum erkennbaren Weg abgekommen und zwei Tage durch die Geröllmassen geirrt. Die dritte Nacht steht bereits bevor. Für die Überquerung brauchen die Einheimischen kaum sechs Stunden. Wir müssen uns im Spurenlesen üben und haben dazu auf dem Rückweg Gelegenheit. Wir haben gehörig Respekt bekommen und sind froh, dass wir für mehrere Tage Proviant dabei haben.

Am nächsten Morgen machen wir eine Tagestour zum Sommerdorf Yashpert. Das Zelt lassen wir stehen. Ohne den schweren Rucksack meine ich zu fliegen. Viele schöne Oasen liegen am Weg, in einer wachsen sogar Bäume.

Wir erreichen einen Fluss mit klarem Wasser und steigen von dort zum Dorf auf. Auf dem großen Plateau liegt eine Ansammlung von Schäferhütten. Wir blicken das Batura-Tal hinauf, über Geröll und Erde und die ersten sauberen, weißen Stellen der Eismassen. Von den schneebedeckten Bergen ringsum fließen weitere Gletscher. Der Stickbeit-Gletscher ist der größte davon, in einiger Entfernung erblicken wir einen riesigen Eisfall, dessen gefrorenes Wasser senkrecht ins Tal abfällt. Yashpert liegt 3200 Meter hoch. Wir kehren zu unserem Camp zurück; wir hatten einen schönen, leichten Tag.

Unser Weg zurück ist einfach zu laufen, bis wir wieder den Gletscher überqueren müssen. Wir passen auf wie ein Luchs, um die Spuren nicht zu verlieren, kommen trotzdem vom Weg ab und finden ihn glücklicherweise wieder. Der Fluss auf der anderen Seite des Batura-Gletschers trennt uns von der Hütte, in der wir noch einmal übernachten wollen. Wir finden flache Uferstücke, doch die Strömung bleibt reißend. Ein Pakistaner winkt uns von der Hütte aus zu und weist weiter das Tal hoch. Und richtig, etwa 100 Meter weiter den Fluss hoch wölben sich Eisberge über die kalten Wassermassen und bilden Brücken. Wir erreichen schnell die schöne Hütte, die leider belegt ist. So schlafen wir draußen. David spannt eine Plane, weil schwarze Wolken aufgezogen sind und Regen droht. In etwa drei Stunden laufen wir am nächsten Morgen das Batura-Tal hinunter zum KKH. Am Mittag sind wir zurück in Passu.

Im Passu-Inn sind neue Reisende eingetroffen. Wir unterhalten uns viel mit Erika aus dem Allgäu. Sie ist allein unterwegs und hat für Jeep- und Wandertouren Führer angeheuert. Mit ihr zusammen mache ich eine Tagestour zum Borit-See, der in einem Nebental liegt, und von dort aus hinunter nach Gulmit.

Wir laufen ein Stück den Passu-Gletscher hoch und blicken von oben auf den reinen und glänzenden Gletscher, bevor wir in das Seitental abbiegen. Der kleine See liegt inmitten des braunen Tals vor einem Hotel. Es ist bewölkt. Wir erreichen die Borit-Alm. Zwei junge Mädchen winken uns aus einer Steinhütte unterhalb des Weges zu und bedeuten uns, einzutreten. Auf der offenen Feuerstelle in der Mitte des Raums kochen sie Tee und salzen ihn. Sie bieten getrocknete Aprikosen und Brotfladen an. Dann laufen wir gemeinsam nach Gulmit hinüber, mit zwei Schafen im Schlepptau. Die Mädchen haben dem Muttertier eine Leine um den Hals gebunden und leiten es wie einen Hund. Das andere Schaf folgt brav. Wir überqueren den Ghulkin-Gletscher ohne Schwierigkeiten. Dann liegt das Dorf unter uns, eine weite, grüne Oase. Sie besteht aus Obstplantagen und Feldern. Jeder Quadratzentimeter Land muss bewässert werden, wenn Pflanzen und Bäume wachsen sollen. Seit alters her bauen die Bergbauern ausgeklügelte Bewässerungssysteme, in das sie Gletscher- und Flusswasser leiten.

Über den KKH trampen wir nach Passu zurück. Erika lässt sich die Küchengeräte des Hauses geben und bereitet Käsespätzle zu. Alle Gäste essen zusammen und freuen sich über die schmackhafte Mahlzeit, nachdem das gestrige Abendessen fast ungenießbar war, matschiger Reis mit Kohlstrünken.

Radfahrerteffen
auf dem
Karakorum Highway

Aufstieg zum 4733 Meter hohen Khunjerab-Pass

Wir frühstücken lange und unterhalten uns mit Erika und Chris, dem jungen Franzosen, der mit seinem vorsintflutlichen Stahlross den KKH erobert. Am späten Vormittag sitzen wir nach zwei Wochen Unterbrechung wieder auf den Rädern. Hinter Passu werfen wir einen letzten Blick auf die Eismassen des Batura-Gletschers, der bis zum Ufer des Flusses reicht. Für den KKH haben die Straßenbauarbeiter eine Schneise in ihn hineingeschlagen. Ohne große Schwierigkeiten folgen wir dem Hunza River hoch nach Sust. Wir kaufen ein, essen ein Omelett und holen uns den Ausreisestempel. Offiziell haben wir Pakistan verlassen, obwohl wir bis zur Grenze noch eine Bergstrecke von 90 Kilometern vor uns haben.

Der KKH führt weiter direkt am Hunza entlang. Stetig gewinnen wir an Höhe. An zwei Stellen hat der reißende Fluss die Straße unterhöhlt und halb weggerissen. Die Gefahr eines Erdrutsches nimmt zu. Die Arbeiter bessern ständig die Straße aus oder bauen sie neu. Der Kampf gegen die Natur hört nie auf. Zu beiden Seiten des Tals ragen die brüchigen Felswände auf. Wir zelten an einem klaren Nebenfluss des Hunza und beobachten den am Abend steigenden Wasserspiegel. Auf unserem leicht erhöhten Inselchen bleiben wir von den Fluten verschont.

Im niedrigsten Gang steigen wir acht Kilometer durch eine sich verengende Schlucht auf. Wir folgen dem Khunjerab River und erreichen den Khunjerab-Nationalpark. Das Tal hat sich geweitet, das Radeln ist nicht mehr so mühselig. Wir haben bereits an Höhe gewonnen, und die Berge wirken niedriger als im unteren Tal. Sie sind gerundet und weicher. An vielen Erdrutschstellen ist der Asphalt weggewaschen.

Wir erreichen die Ortschaft Dih in 3136 Meter Höhe. Hier gibt es einen Checkpoint und eine Handvoll Häuser. Reisende aus China müssen hier ihren Pass vorzeigen, wir bleiben unbehelligt. Hinter dem Dorf finden wir einen schönen Rastplatz unter Bäumen und zwischen Büschen. David holt den Benzinkocher heraus und bereitet Tee und Reispudding zu.

Zwei Radfahrer auf dem Weg zum Pass halten an und nehmen an unserer Mahlzeit teil. Patrick, der Schweizer, und Volker, ein Deutscher, haben ihre Reiseräder in Lahore gekauft. Wir unterhalten uns eine Weile und sind bald von neugierigen Dorfbewohnern umringt, die sich in die Nähe setzen.

Die nächsten zwanzig Kilometer ist das Tal weit. Maulbeerbäume, Pappeln und Koniferenbüsche säumen den KKH. Es gibt viele schöne Campingmöglichkeiten. Hinter einem Checkpoint verengt sich das Tal, die Straße wird wieder steil. Wir zelten auf einem steinigen Platz am Straßenrand und sind froh, uns ausruhen zu können, erschöpft von den Anstrengungen des Tages. Es weht ein kalter Wind. Heute fielen uns viele entgegenkommende Lastwagen aus China auf, die, wie uns ein Pakistaner erzählte, unter anderem Textilien nach Pakistan einführen. „Dabei sind unsere eigenen Baumwollstoffe viel besser als die der Chinesen", beschwerte er sich.

Wir mögen 3700 Meter hoch sein und merken jetzt die dünne Luft. Der Fluss wird schmaler, ist aber immer noch machtvoll genug, um an einigen Stellen die Straße auszuwaschen.

Die Seitenwand des neuen und teuren Reifens ist jetzt schon defekt, der Schlauch ist mal wieder platt. Wir setzen uns auf eine Wiese, David flickt und ich koche Tee. Wir haben gerade gepackt, da ist der Reifen ein weiteres Mal platt. Wir bleiben und schlagen das Zelt auf, um die Schläuche in Ruhe reparieren zu können.

Das letzte Stück des Aufstiegs zum Khunjerab-Pass steht bevor. Keine 20 Kilometer trennen uns von dem höchsten Punkt unserer Reise. Überraschenderweise ist der KKH auf dem letzten Steilstück exzellent begradigt. Mit gleichmäßiger Kraft treten wir in die Pedale, die Durchschnittsgeschwindigkeit beträgt sechs Kilometer in der Stunde. An einem klaren Fluss machen wir eine lange Mittagspause, kochen Nudelsuppe und trinken Tee. Der Höhenmesser zeigt 4200 Meter an. Die Pause und das gute Essen geben uns die Energie, weiter im Sattel sitzen zu bleiben. Wir geraten nicht außer Atem und spüren die Höhe kaum. Klares Wasser fließt am Wegesrand reichlich und immer wieder tauchen schöne Zeltplätze auf. Die Berge sind rund und nicht mehr in Bewegung wie weiter unten im Tal, wo Erdrutsche und Steinschlag drohten. Die Landschaft wirkt großzügig und weit. Rotbraune Murmeltiere sitzen vor ihren Erdlöchern, wittern aufgeregt und verschwinden wie ein Blitz, wenn wir nahen. Ein paar Krähen flattern über dem Gebiet.

Wir erreichen ein Plateau, auf dem eine Yakherde grast. Auf dem goldgelben Rasen am Fluss schlagen wir unser Zelt auf. Wir befinden uns etwa 4500 Meter über dem Meer. Nach all der Anstrengung möchte ich nicht einfach nur den Pass erklimmen, um auf der anderen Seite gleich wieder sang- und klanglos in die Tiefe zu rauschen. Noch nie im Leben bin ich mit meinem Fahrrad so hoch gestiegen.

Auf der anderen Seite des Flusses fließt ein Gletscher dem KKH zu, Wolken ziehen auf, es weht ein kalter Wind. In der Nacht taumeln ein paar

Schneeflocken auf unser Zelt. Wegen der Höhe bin ich kurzatmig und schlafe schlecht. Es ist mir egal, ich genieße den Erfolg. Am Morgen schwimmen Eisstücke in der Waschschüssel.

Zwei Kilometer noch, und wir sind oben! Eine Gedenksäule erinnert an den großartigen Bau des Karakorum Highway. Ein Wachtposten steht auf dem höchsten Punkt in der Einsamkeit neben zwei Pfeilersteinen, die die Grenze zwischen Pakistan und China markieren. Wir werden freundlich begrüßt, schießen ein paar Fotos und fahren den Pass hinab. Wir sind in China.

Auf dem 4733 Meter hohen Khunjerab-Pass, Grenze zwischen Pakistan und China

Im Pamirgebirge in China, Karakorum Highway

China

Der Karakorum Highway:
vom Khunjerab-Pass nach Kashgar
420 Kilometer mit dem Fahrrad

Tashkurgan – am westlichen Ende eines Riesenreichs

Die gute, glatte Asphaltstraße führt mit einem Gefälle von acht Prozent in Serpentinen schnell auf 4000 Meter Höhe. Eine Hochebene des Pamirgebirges breitet sich vor uns aus. Die Landschaft hat sich drastisch geändert. Während die Berge des Karakorumgebirges steil, schroff und hoch sind und schwarze Schatten über den KKH werfen, schwingt die Hochebene, über die wir jetzt fahren, mit leichtem Gefälle nach Tashkurgan hinab. Die baumlose Berglandschaft ist unendlich weit und offen. Grüne und goldgelbe Rasenflächen rahmen den ebenso breiten wie weiten Fluss ein. Jurten stehen im Gelände, vereinzelt auch Lehmhäuser. Yak- und Kuhherden grasen.

30 Kilometer unterhalb des Passes werden wir am militärischen Checkpoint von Pirali angehalten. Ein junger Mann nimmt uns die Pässe ab und führt uns in den großen Raum eines Hauses. Sessel stehen an einer Wand, ein Tisch füllt die Mitte aus. Ein zweiter Mann kommt dazu. Die beiden bieten uns Melonen, Äpfel und Zigaretten an. Der junge Mann macht Fotos, ich mache Fotos, wir sitzen und sitzen. Einer der beiden spricht gebrochen Englisch. Zwei Stunden mögen verstrichen sein. Ich frage schließlich nach den Pässen. Wir können nicht ewig hier sitzen! Der junge Mann zieht sie aus der Hosentasche: Die Einreisestempel bekämen wir im neunzig Kilometer entfernten Tashkurgan. Er lädt uns ein, bei ihnen zu übernachten. Wir radeln lieber noch ein Stück und zelten. Die beiden jungen Männer wollten offensichtlich ein wenig Unterhaltung, sie kommen vermutlich um vor Langeweile in dieser Einsamkeit, wo jungen Leuten nichts geboten wird. Noch nicht einmal eine Kneipe oder ein Restaurant gibt es in Pirali.

Ein starker Gegenwind ist aufgekommen. Auf einer Lehmebene lagern wir neben einem Wasserloch. Der ungemütliche Platz liegt ungeschützt im

Hochtal. Der Wind wächst zum Sturm an und treibt eine gelbe Staubwolke heran. Am Himmel schimmern blaue Flächen zwischen schwarzen und weißen Wolkenballen. Schlierige Luft hüllt die Berge in der Ferne ein. Im Norden verdichten sich die Wolken zu einem pechschwarzen Loch. Droht ein Unwetter? Schließlich erstirbt der Nordwind. In der Nacht regnet es glücklicherweise nur etwas.

Unser Proviant ist so gut wie aufgebraucht. Wir genehmigen uns zum Frühstück eine Suppe und zum Mittag noch eine. Viel ist das nicht für aktive und hungrige Sportler. Der Tag ist trotzdem ein rares Geschenk, lässt den Hunger vergessen und verlockt zum Träumen: Heute radeln wir mit dem Wind. Der KKH fällt mit geringer Neigung stetig ab. Wir müssen kaum die Pedale treten und nicht auf den Bremsen stehen. Stunde um Stunde gleiten wir durch den Pamir dahin, leicht wie eine Feder, wir schweben schwerelos! Ein unvergessliches Gefühl! Der Fluss mit seinen Grasflächen begleitet uns, Bäche, Gehöfte, Pferde, Kühe, Yaks – und einmal sehen wir zweihöckrige Kamele. Transportmittel der Einheimischen ist der Eselskarren. In Darbar, einer Ansammlung von Gehöften, Wiesen und Feldern, erstehen wir in einem Haus Zigaretten. Der Alkohol, der außerdem verkauft wird, nützt uns nichts, wir bleiben hungrig.

Wir nähern uns Tashkurgan und erreichen die offizielle Grenze. Kein Mensch ist im Zollgebäude, es ist ausgestorben. Nebenan befindet sich die Bank of China. Die Tür steht halb offen und wir gehen hinein. Ein Bankangestellter steht in der Halle. Reiseschecks könnten wir heute nicht eintauschen, sagt er: „We are closed! Come back tomorrow, ten o'clock!" Das darf doch nicht wahr sein! David erklärt ihm unsere Situation: Wir hätten nicht einen einzigen Yuan in der Tasche, um im Restaurant und im Hotel bezahlen zu können. Wir wären den ganzen Tag Fahrrad gefahren und müde und hungrig, Der Mann versteht unsere Not und ruft mehrmals an, um den für den Geldwechsel zuständigen Mann zu erreichen. Wir warten lange und holen uns die Einreisestempel. Nach eineinhalb Stunden erhalten wir endlich die benötigte chinesische Währung (1 Euro = 10 Yuan) und fahren in den Ort hinein.

Die breite Straße ist mit Pappeln gesäumt, dahinter ziehen sich niedrige Häuser hin, in denen kleine Shops und Restaurants untergebracht sind. Vor einem sitzen drei Chinesen und zwei Deutsche. Wir setzen uns dazu. Die Chinesen wollen in Islamabad Arabisch studieren, einer der Deutschen unterrichtet Englisch in Peking, der andere ist als Tourist auf dem Weg nach Pakistan. Der Kellner serviert David und mir eine große Schale grünen Tee. Wir bestellen vier Nudelsuppen, zwei für jeden, und David macht zum ersten Mal die Bekanntschaft mit dem chinesischen Besteck, den Essstäbchen. Wer die Kunst nicht beherrscht, Essstäbchen korrekt zu handhaben, muss verhungern. David kämpft mit den widerspenstigen Hölzern, bis ihm sein Nachbar zeigt, dass man sich in China die Schale an den Mund setzen darf, um die Nudeln hineinzuschieben. In China darf man nämlich essen, wie man will, man darf schmatzen und spucken, Knochen auf den Tisch oder den Boden werfen. Nur Rülpsen ist verpönt.

Inzwischen ist es dunkel geworden. Wir gehen in das beste Hotel Tashkurgans, das Pamir-Hotel. Ein schön ausgestattetes Doppelzimmer mit Bad kostet 120 Yuan. Auf das heiße Wasser müssen wir allerdings noch warten. Wir gehen in eine Cafeteria, um die Zeit zu überbrücken. Tische und Sessel sind wie auf einer Fähre angeordnet, die Beleuchtung ist düster. Zurück im Badezimmer rauscht gerade mal eineinhalb Minuten lang heißes Wasser aus dem Hahn. Der Boden der Wanne ist kaum bedeckt. Ich nehme ein notdürftiges Bad und David muss schmutzig bleiben. Der nächste Morgen belohnt ihn dafür mit dem ganz großen Glück: Eine ganze Wanne voll mit heißem Wasser steht ihm zur Verfügung.

Wir frühstücken im Hotel. In der riesigen Halle stehen riesige runde Tische, passend zum riesigen Land China. Auf der Drehscheibe, die sich in der Mitte der Tischplatte befindet, stehen grüner Tee, Kaffee, Milch, Brot, Marmelade, Honig, Pellkartoffeln, zwei gekochte Eier, gedämpfte, mit Hackfleisch gefüllte Maultaschen, frittierte Lauchpfannkuchen und Gebäck. Den Morgen über klappern wir die winzigen Shops ab, um unsere Taschen mit Proviant zu füllen. In einem Laden gibt es dies, im anderen das. Wir kaufen Tee, Milchpulver, Zucker, Reis, Fertigsuppen, pappähnliche, haltbare Würstchen und Reis. Wir sind müde und ruhen uns aus.

Tashkurgan ist eine Handelsstadt an der Seidenstraße mit 2000-jähriger Vergangenheit. Im Nordwesten des Marktortes ziehen sich die verfallenen Mauern einer 600 Jahre alten Festung über einen Hügel. Hier kreuzten vier Karawanenrouten, die nach Kashgar im Norden, Chitral und Hunza im Süden, Karghalik im Osten und Badakhshan und Wakhan im Westen führten. Pakistan, Afghanistan und Tadschikistan sind nicht fern.

Tashkurgan ist die Stadt der Tadschiken. Die Frauen tragen eine ähnlich bestickte Kappe wie die Frauen im Hunza-Tal. Ihre Röcke leuchten rot und gelb. Viele Chinesinnen laufen in Jeans und bunten Blusen herum – anders als vor zehn Jahren, als das noch verboten war. Sie schminken sich, lassen die

Haare lang wachsen und tragen eine Sonnenbrille. Das uniformierte China der Achtzigerjahre ist überholt. Vor den Restaurants stehen Billardtische, an denen sich die Männer vergnügen.

Unsere Räder sind schwer beladen, als wir uns wieder auf den Weg machen. Wir brauchen dringend Benzin für unseren Kocher und suchen nach der Tankstelle. Sie liegt nicht an der Hauptstraße, sondern außerhalb des Ortes auf einem Hügel. Ein holpriger Erdweg führt zu ihr hinauf. Der Tankwart ist großzügig, er schenkt uns zwei Liter Benzin.

Das Gebiet rund um Tashkurgan ist eine grüne Weide. Wir fahren nur ein paar Kilometer aus der Stadt hinaus und zelten zwischen Büschen und Bäumen an einem klaren Fluss. Ich muss zum Zahnarzt und radele zum Krankenhaus am Rande der Stadt, um mich nach einem Doktor zu erkundigen. Ich bin direkt an der richtigen Stelle, es gibt einen im Haus. Der junge Mann fragt mehrere Male, ob er ziehen oder bohren solle. Bohren kommt auf keinen Fall infrage. Er setzt eine Betäubungsspritze, das Höchste, was ich ertragen kann, und zieht den Zahn. Ich bezahle einen Euro für seine Dienste. Die Ärzte, die nichts zu tun haben, sitzen draußen auf der Treppe. Hier geht es locker zu.

In der Nähe von Tashkurgan, Karakorum Highway

Am Muztagh Ata, dem „Vater der Eisberge", und am Karakul-See

Wer hätte das gedacht, wir müssen wieder aufsteigen. Mit einem weiteren Pass außer dem Khunjerab auf dem Wege nach Kashgar hatten wir überhaupt nicht gerechnet. Auf unserer Karte ist er nicht verzeichnet, aber wir mühen uns etwa 60 Kilometer ab, oft im letzten Gang. Zur Rechten liegt ein Bergmassiv in ewigem Schnee, der 7546 Meter hohe Muztagh Ata, der „Vater der Eisberge". Wir klettern und klettern und glauben, es kann nicht höher gehen, vor allen Dingen, als wir sehen, dass einem der Gletscher ein Fluss entspringt und uns entgegenfließt. Der KKH steigt weiter durch eine Geröllwüste an. An einem klaren Bach schlagen wir das Zelt auf und gucken auf die Schneeberge. Das Wetter ist durchwachsen, manchmal scheint die Sonne, dann wieder weht ein kalter Wind. Nachts sinken die Temperaturen auf den Gefrierpunkt.

Endlich stehen wir auf der 4150 Meter hohen Erhebung. Wie wir später erfahren, heißt sie „Ulugrabat". Im Vergleich mit dem Khunjerab-Pass ist sie so niedrig, dass sie nicht erwähnenswert ist. Nur wer sie mit dem Fahrrad erklimmt, bekommt Hochachtung vor ihr. Die Sonne scheint, Wolken hüllen die Bergspitzen ein. Wir atmen Weite und Größe. Mehrere der Gletscher des Muztagh Ata sind zum Greifen nahe, schneeweiß fließen sie zu Tal. Sie haben tiefe Canyons in die Bergplatte gefressen. Im Norden überragt der 7720 Meter hohe Mont Kongur ein schneebedecktes Gebirgsmassiv. Unter uns liegt ein grasgrünes Bassin. Wir zelten. Die Landschaft ist zu schön, um weiterzufahren.

Auf dem Weg zum Karakul-See halten wir am nächsten Tag in einer Siedlung an. Frauen hocken auf dem Rasen und weben. Die bunten Kettfäden sind ein paar Meter über den Boden gespannt. Als wir nach einem Restaurant fragen, lädt ein Mann uns in sein Haus ein. Wir betreten einen großen Raum. Ein Kanonenofen steht in der Mitte. Ein geräumiges Podest hinter der Feuerstelle ist mit Teppichen ausgelegt, auf denen die Familienmitglieder tagsüber sitzen und nachts schlafen. Tücher und Gobelins schmücken die Wände, die Schränke sind bunt bemalt. Die Frau serviert uns Buttertee und schmackhaftes, dickes Fladenbrot. In dieser Siedlung wohnen Kirgisen.

Ein paar Kilometer weiter treffen wir auf Nomadenzelte und Jurten. Große Yakherden grasen in der saftigen Steppe. Und dann erreichen wir schließlich

Der „Vater der Eisberge" und der Karakul-See im Pamir, Karakorum Highway, China

den Karakul-See auf 3600 Meter Höhe: Türkisblau liegt er am Fuße des „Vaters der Eisberge", der sich in ihm spiegelt. Am Ufer stehen ein Gasthaus und Jurten zum Übernachten. Wir bekommen ein vorzügliches Mahl im Restaurant: ein Omelett, gebratene Paprika und Reis, und in einem kleinen Laden kaufen wir Zucker und Zigaretten. Viel mehr gibt es nicht, außer Schnaps und Bier.

Die Straße fällt zum Ghez River Canyon ab. Zwischen öden, vertikalen Bergwänden fließt der Ghez River durch sein breites Flussbett. Darüber heben sich die Gletscherhänge des Mont Kongur vom blauen Himmel ab. Der Muztagh Ata, der hinter uns im Süden liegt, scheint zu wachsen und wirkt aus der Ferne immer riesiger.

Starker Gegenwind stört das Fahrvergnügen. Anstatt das leichte Gefälle hinunter zu surren, kämpfen wir gegen den Sturm an. Im Flussbett finden wir ein Rasenplätzchen zwischen kniehohen, dornigen Büschen und schlagen das Zelt auf. Am nächsten Morgen herrscht eine Eiseskälte von acht Grad Celsius unter dem Gefrierpunkt. Wir warten auf die Sonne, bevor wir frühstücken, packen und losfahren. Der Wind faucht uns unerbittlich ins Gesicht und wird noch stärker. Wir sind frustriert!

Das Tal weitet sich zu einem Bassin. Sandberge schließen es ein. Dann verengt es sich zu einer Schlucht mit gewaltigen Bergen zu beiden Seiten. Der Canyon stürzt zur großen Taklamakan-Wüste ab. Die Straße neigt sich mehr und mehr und endlich kann uns der Gegenwind nicht mehr aufhalten. Wir preschen bergab, neben uns himmelhohe Wände. Durch die Geröllfelder am Fuß der Klippen dürfte im Frühjahr das Schmelzwasser der Schneeberge schießen, denn an mehreren Stellen ist der Asphalt weggewaschen. Wir campen im Geröllfeld am Fluss. Windböen drücken ins Zelt. Doch hier – in 2700 Meter Höhe – ist es erheblich wärmer als in der letzten Nacht.

An einem Checkpoint essen wir am nächsten Tag in einem Restaurant und kaufen sechs gekochte Eier. Auf der anderen Seite gibt es an einem Stand Brotfladen, die mit Gemüse gefüllt sind, nicht mehr ganz frisch, trotzdem eine willkommene Abwechslung.

Der Gegenwind ist schwächer geworden, behindert uns aber immer noch. Je weiter wir uns Kashgar und der Taklamakan-Wüste nähern, umso breiter wird der Fluss. Die Berge wirken niedriger als zuvor und werden farbenprächtiger. Weiße und graue Schichten und zunehmend rote Sandsteinlagen durchziehen die teilweise geriffelten Berghänge. Das Regenwasser hat tiefe Rillen und Rinnen aus der Oberfläche gewaschen.

Wir kommen an einem Kohlebergwerk und an Arbeiterwohnungen vorbei. Schleusen und Dämme sollen den Fluss regulieren. Dunkelgrüne Pappeln stehen in Kontrast zu rostroten Bergen. Vor uns in der Ferne erscheint ein bläulicher, irrealer Strich, die Ebene, in der der Karakorum Highway enden wird. Der Wind hat sich gedreht und stößt uns in den Rücken. Wir fliegen durch die Weite. Das Flussbett ist jetzt ein paar Kilometer breit. Der KKH führt vom Ghez River weg. An einem schmalen, von Rasenflächen gesäumten Kanal finden wir einen wunderbaren Zeltplatz. Abends sitzen wir ohne Pullover und Jacke vor dem Zelt. Die Temperaturen sind die einer lauen Sommernacht.

Wir fahren in den Vegetationsgürtel von Kashgar ein. Immer mehr Menschen bevölkern die Straße. Hinter Bäumen versteckt liegen die von einer Lehmmauer umgebenen Häuser und Gehöfte. In einem Örtchen findet ein Markt statt. Die Händler bieten Obst, Gemüse und Brotfladen an. Lastwagen, zweirädrige Eselskarren und Pferdekarren fahren durch die Straßen. Auf der Plattform der Karren, die als Pferdetaxi dienen, liegen Teppiche, damit die Fahrgäste weich hocken. Das Transportmittel vieler Einheimischer ist das Fahrrad. Die Frauen sitzen herausgeputzt und mit Stöckelschuhen im Sattel. Alle fahren – wie in Indien – gemächlich.

Für 100 Yuan (10 Euro) bekommen wir im Chini Wak-Hotel in Kashgar ein komfortables Zimmer mit Fernseher, Sesseln, Teetisch, Schreibtisch und Bad. Tag und Nacht fließt heißes Wasser aus den Hähnen. Für uns ist das ein ungewohnter Luxus. Im Zimmerpreis inbegriffen ist das Frühstück. Am ersten Morgen unseres Aufenthalts gibt es ein exzellentes Frühstücksbuffet mit Reis- und Nudelgerichten, Rührei, gekochten Eiern, Brotfladen, gedünsteten Teigtaschen und Brötchen, starkem Kaffee, Tee und Orangensaft. Am nächsten Tag sind einige Leute abgereist und es gibt nur Brot, Eier, Marmelade und dünnen Kaffee.

Viele Pakistaner wohnen im Hotel. Sie schleppen riesige Gepäckstücke unbekannten Inhalts durch die Gänge.

Das Hotel händigt den Gästen keinen Zimmerschlüssel aus, der Etagenservice schließt die Tür auf. Schon am frühen Morgen kommt das Zimmermädchen herein: klopf, klopf, knirsch, knirsch, die Tür geht auf und es bringt eine Thermoskanne mit heißem Wasser für Tee oder Kaffee. Oder: klopf, klopf, knirsch, knirsch, es steht dort mit einem Strohbesen, will fegen und die Betten machen, während wir noch schlafen. Um neun Uhr Pekingzeit gibt es Frühstück, da ist es in Kashgar gerade sieben. Wer zu spät kommt, kriegt nichts mehr. Bei Zeitangaben erkundigen wir uns immer, ob die Peking- oder die Ortszeit gemeint ist. – Kashgar liegt nur noch 1270 Meter hoch.

Kashgar, Hauptstadt der Uiguren in Xinjiang

Kashgar liegt im Westen der chinesischen Provinz Xinjiang, dem alten Ostturkestan. Der große Marktort ist die Hauptstadt der Uiguren, einem Turkvolk, das in der Mitte des 9. Jahrhunderts vom Erhun-Tal in der Mongolei einwanderte und sich hier niederließ.

In Kashgar stoßen die nördliche und die südliche Route der Seidenstraße zusammen. Beide Reisewege rahmen die riesige Taklamakan-Wüste ein, die „Wüste ohne Wiederkehr". Auf der anderen Seite liegt Dunhuhang mit seinen bedeutenden buddhistischen Mogao-Grotten. Von Kashgar aus führte eine der Handelsrouten weiter nach Samarkand, Persien und Syrien, die andere durch den Pamir und den Karakorum nach Indien. Egal, welche Völker und Gruppen in der wechselvollen Geschichte Kashgars herrschten, Kashgar lebte und lebt vom Handel. Seit eh und je war die Oasenstadt ein wichtiger Umschlagplatz an der Seidenstraße in Zentralasien.

In den Straßen breiten sich bunte Basare aus, der Sonntagsmarkt ist weit über die Grenzen Xinjiangs hinaus bekannt. Tausende Menschen aus der Umgebung strömen in die Stadt, um Waren zu verkaufen oder zu erwerben. Sie tauschen Neuigkeiten aus und klönen. Sie hocken auf voll beladenen Eselskarren, kommen zu Fuß, mit dem Fahrrad oder dem Traktor. Gemüse, Knoblauch, Obst, Brotfladen, Stoffe, Besen und Töpfe finden Abnehmer, Schafe und Ziegen, Rinder und Esel wechseln die Besitzer. Schuster schustern und Schneider schneidern. An Essständen biegen sich die Tischplatten vom Gewicht großer Schüsseln mit Nudel- und Reisgerichten. Der große orientalische Markt in Kashgar ist das Ereignis der Woche. Wir genießen ihn in vollen Zügen. — Der Venezianer Marco Polo zog im 13. Jahrhundert durch Kashgar. Er war auf dem Weg zum Hof des mongolischen Herrschers Kubilai Khan, dem Enkel Dschingis Khans. Über Kashgar schrieb er: „ Die Bevölkerung bekennt sich zum Islam. Die Einwohner leben von Handel und Gewerbe. Sie haben prächtige Gärten, sie pflegen ihre Weinreben und besitzen schöne Güter. Die Baumwollstaude wächst hier, und ebenfalls Flachs und Hanf. Händler aus Cascar reisen durch die Welt."

Auf dem Sonntagsmarkt in Kashgar, Xinjiang

Die Uiguren, die hier und im Nordwesten Chinas sesshaft sind, haben mit den Chinesen nichts gemein. Ihre Sprache ist der türkischen verwandt. Die Männer tragen buntbestickte Kappen und lange Bärte. Die im 9. Jahrhundert gegründete Id-Kah-Moschee ist die größte Moschee in China. Immer wieder begehren die Uiguren gegen die chinesische Regierung auf und kämpfen für ihre Unabhängigkeit. Sie fühlen sich unterdrückt wie die Tibeter und gehören zu den bedrohten Völkern der Erde.

Die Taklamakan, das Wahrzeichen der Provinz Xinjiang, ist die zweitgrößte Sandwüste der Erde, nur die Rub al-Chali im südlichen Drittel der arabischen Halbinsel dehnt sich noch weiter aus. Die Schmelzwasser des Tianshan-Gebirges im Norden speisen den Tarim-Fluss, der durch den nördlichen Teil der Taklamakan-Wüste von Osten nach Westen und durch die gesamte Provinz Xinjiang fließt. Die Gebirgskette des Kunlunshan begrenzt die Sand- und Kiesmassen im Süden und bildet gleichzeitig den Abschluss des Tibet-Qinghai-Plateaus, der höchsten Hochebene der Erde.

Kara Buran, der berüchtigte „schwarze Sandsturm" der Taklamakan, tobt manchmal wochenlang. Im Laufe der Zeit begrub er Städte und Oasen unter sich. An den Rändern der Wüste zogen die Karawanen mitunter monatelang ihres Weges. Heute gibt es partiell asphaltierte Straßen, auf denen Lastwagen und Busse fahren. Eine Eisenbahnlinie führt von Peking bis Ürümqi, der Hauptstadt Xinjiangs an der Nordroute. Von dort aus braucht der Bus auf der ausgebauten Strecke auch heute noch mindestens drei Tage bis Kashgar.

David und ich wollen nicht der nördlichen, sondern der südlichen Route folgen. Gerüchte kursieren, sogar für Einheimische sei sie zum Teil gesperrt. Bevor wir unterwegs ständig befürchten müssen, Ärger mit der Polizei zu bekommen, fragen wir an Ort und Stelle nach, im Amt für öffentliche Sicherheit. Die große Überraschung: Die Route ist für Ausländer geöffnet. „Aber wir sind mit dem Fahrrad unterwegs!" „Kein Problem, gute Reise!" Das ist ja prima! Jetzt können wir uns beruhigt auf den Weg machen. Ohne Genehmigung hätten wir die Strecke auch in Angriff genommen!

In Kashgar ist es keine Schwierigkeit, ein Fahrrad zu kaufen. Es gibt sie in allen Größen, Damen- und Herrenfahrräder, Mountainbikes made in China. Einen passenden Reifen für unsere im Westen hergestellten Räder aufzutreiben, ist dagegen eine Herausforderung ungeahnten Ausmaßes: Der eine Reifen ist zu groß, der andere zu klein. Unsere benötigte Größe ist nicht dabei. Wir hoffen, in Hotan fündig zu werden, die nächste große Stadt auf unserem Weg, und gehen auf den Nachtmarkt zum Essen

In Hotan an der Südroute um die Taklamakan-Wüste, Xinjiang

Auf der Südroute um die Taklamakan-Wüste
540 Kilometer mit dem Fahrrad, 1780 Kilometer mit dem Bus

Durst, Wind und ein lädierter Reifen

Die glatte Asphaltstraße verläuft nach Süden durch die Oase von Kashgar. Bewässerungsgräben laufen um Mais- und Baumwollfelder. Dazwischen liegen Dörfchen, in denen Menschen und Eselskarren unterwegs sind, ansonsten gibt es nur wenig Verkehr. Mit etwa fünfzehn Stundenkilometer laufen die Esel wacker die Straße entlang, im Schlepptau haben sie die oftmals schwer beladenen Karren. Wir haben Mühe, sie mit unseren ebenfalls schwer beladenen Rädern zu überholen.

Am Nachmittag bauen wir unser Lager an einem Teich auf. Das Wasser ist klar bis zum Grund, jedoch salzig. Ein Junge aus dem nahe gelegenen Dorf führt mich zu einer grün-gelben Kloake, die das Trinkwasser für die Dorfbewohner enthält. Wir filtern die Brühe, kochen sie und bereiten Tee daraus zu. Am nächsten Abend schöpfen wir das Wasser aus einem im Flussbett fließenden Rinnsal. Es ist salzig! David kocht eine Salzsuppe. Tee gibt es heute Abend nicht. Durstig gehen wir schlafen und wachen erst nach zehn Stunden wieder auf. Ohne Frühstück brechen wir auf.

Die flache Steinwüste beginnt abrupt. Da ist kein Baum, kein Strauch, kein Wasser, soweit das Auge reicht. Nicht ein Spier Gras lugt aus der Erde. In einer Oase vor Yarkand führt ein Bach gutes, klares Wasser. Nach dem versalzenen Abendessen sind wir froh, nun Kaffee kochen zu können. Wir füllen all unsere Wasserbehälter. Im naheliegenden Dorf essen wir an einem Marktstand eine Fleischsuppe mit Brot dazu. Auf den von hohen Pappeln gesäumten Straßen herrscht reges Treiben. Gut gestärkt verlassen wir den Ort.

Kurz darauf erreichen wir die große Stadt Yarkand (Shahe) am gleichnamigen Fluss. Im 2. Jahrhundert vor unserer Zeitrechnung erstarkte an dieser Stelle das Königreich von Shahe, im 13. Jahrhundert diente Yarkand als Außenposten der Mongolen, die die heutige Provinz Xinjiang (Sinkiang) beherrschten und deren Imperium bis zum Aral-See reichte. Im Geröll der Flüsse fanden die Menschen Jade, die sie für kostbarer als Gold hielten. Dem Jadeschmuckstein wurden nicht nur in China magische Kräfte zugesprochen. In vielen Kulturen diente er als Amulett und noch heute glauben die Chinesen an die heilenden Kräfte des Steins. Für Konfuzius war Jade ein Symbol der Mitmenschlichkeit und der Rechtschaffenheit sowie aller Tugenden, nach denen der Mensch streben soll.

Ein starker Wind ist aufgekommen. Die Luft ist gelb vom Staub. Viele Bewässerungskanäle durchziehen die Oase. Wir folgen einem, der von der Straße wegführt, und stehen bald am Yarkand, dem 1070 Kilometer langen Fluss, der später in den Tarim mündet. Auf dem Rasen vor Reisfeldern lassen wir uns nieder. David repariert seinen Gepäckträger, ich nehme ein Bad im Fluss. Lange sind wir leider nicht allein. Ein paar Jungen haben uns entdeckt und setzen sich hin, um zu gucken. Eselskarren holpern durch den Fluss.

Am nächsten Morgen ist die Luft klar. In der Ferne schimmern die schneebedeckten Berge des fast 3000 Kilometer langen Kunlun-Gebirges, das an einigen Stellen nahezu 8000 Meter hoch ist. Wir durchfahren Yecheng (Khargilik) – hier biegt die Fernpiste nach Lhasa ab – und kurz darauf sind wir wieder in der Wüste. Wassersäcke und Flaschen sind aufgefüllt, damit wir nicht wieder mit einer versalzenen Nudelsuppe vorlieb nehmen müssen. Heute bläst uns der Wind machtvoll ins Gesicht. Der unerfreuliche Kampf nimmt kein Ende. Er raubt uns alle Kräfte. Schon früh schlagen wir unser Lager mitten in der Einöde auf und bleiben unbehelligt, das ist das Schöne am Campen in der Stille der Wüste.

Eselskarren, mit Salzsteinen beladen, ziehen auf dem schwarzen Band der Straße zur nächsten Oase. Wir kämpfen mit dem Wüstenwind. Beim Zelten weht der Sand in jede Ritze und durchdringt Kleidernähte und Schlafsäcke. Beim Radfahren beobachten wir die Sandteufelchen, die der Wind gestaltet. Wirbel mit Tintenfischarmen tanzen über die weite Ebene. Wir sehen sie kommen und weichen ihnen aus, sobald sie über die Straße fegen. In Sagan überquert die Straße einen Fluss, Pappeln wachsen am Ufer auf den Grünstreifen. Den schmalen Vegetationsgürtel durchfahren wir schnell und sind dann wieder umgeben vom Sandmeer.

Die Seitenwand meines Hinterreifens ist mittlerweile rundum durchbrochen. An einer Stelle quillt der Schlauch heraus. Es hat sich ein Ei gebildet, das zu platzen droht. David klebt einen Gummistreifen in den Mantel und wir verlieren viel Zeit. In Muji essen wir in einem Straßenrestaurant eine exzellente Nudelsuppe. Jedes Restaurant in Xinjiang stellt die Nudeln nach eigenem Rezept her, in jedem Restaurant schmecken sie anders. Der Koch schlägt den Teig, wirft ihn hoch und zieht ihn mit schwingenden Armen in die Länge, ein kunstvolles Schauspiel, dem wir gern zugucken. Die überdachten Verkaufsstände des kleinen Marktortes stehen heute leer. In einem Laden erstehe ich Pfirsiche und Brot, und dann umfängt uns wieder die Wüste. Ein Wäldchen taucht neben einem fast ausgetrockneten Flussbett auf, in dem ein paar Pfützen stehen. Weil sich an meinem Hinterreifen schon wieder ein „Ei" gebildet hat, campen wir auf dem spärlichen Rasen unter Bäumen, die den Wind und den Sand abhalten. Durch die Zweige schimmert die helle Weite der Wüste. Wir flicken den Mantel und ich wechsele die Reifen aus. Der lädierte sitzt jetzt vorne. – Am Morgen sehen wir dann das Malheur: Der Vorderreifen ist platt. Wir kommen später los als geplant. In den ersten zwei Stunden radeln wir flott mit dem Wind. Mittags dreht er sich und wir stemmen uns ihm entgegen. Ein niedriger Gebirgszug zur Rechten liegt verschwommen im Wolkendunst.

Als wir am späten Nachmittag unser Lager aufgeschlagen haben, besuchen uns ein paar Straßenbauarbeiter, junge Männer und Frauen. Sie haben ebenso viele Fragen an uns wie wir an sie. Sie gestikulieren und reden auf uns ein. Eine Frau zeigt auf ihren Kopf und dann auf meinen: Warum ich kein Kopftuch trage. Wegen der Kommunikationsschwierigkeiten müssen die Fragen unbeantwortet bleiben. Ein Privatwagen hält an. Der Fahrer steigt aus und bietet uns an, uns mitzunehmen. Als wir sein Angebot dankend ausschlagen, holt er aus dem Kofferraum eine dicke, saftige Melone und schenkt sie uns.

Wir sind gerade in den neuen Tag gestartet, als der Schlauch sich durch die Seitenwand des Mantels zwängt und sich wie ein Ballon aufbläst. David opfert ein paar von seinen Plastikstreifenverschlüssen und zurrt sie um zwei besonders gefährlich aussehende Stellen. Diese Streifen halten erstaunlich gut und sind nicht, wie ich befürchtet habe, nach ein paar Kilometern durchgefahren. Sie erfüllen ihren Dienst, bis wir nach 85 Kilometern Hotan erreicht haben.

Hotan (Khotan, Hetian), die Stadt der Jade

Vom ersten bis zum zehnten Jahrhundert war Hotan ein buddhistisches Königreich und ein Zentrum buddhistischer Kultur an der Seidenstraße. Paläste, Tempel, Klöster und Stupas sind längst unter den Wanderdünen der Taklamakan begraben. Die weißen Hunnen, die Göktürken, die Chinesen, die Tibeter: Alle vereinnahmten im Wechsel das Gebiet. Heute gliedert sich die Stadt in einen chinesischen und einen uigurischen Teil. Sie ist größer als Kashgar.

Schisch Kebab, die leckersten Spieße der Welt in Hotan, Xinjiang

Schon lange vor der Zeitenwende war Hotan neben Yarkand berühmt wegen seiner Jade, die wie Kieselsteine in den Flüssen schimmerte. Noch heute wird in Hotan Jade verarbeitet. In den Seidenwebereien entstehen Seidenteppiche, die in alle Welt verkauft werden. Pappelgesäumte, weite Straßen durchziehen den Marktort, der aus großen, funktionellen Bauten und niedrigen Steinhütten besteht. Im Hotan Guesthouse mieten wir ein Dreibettzimmer für 96 Yuan. Die Toiletten und Duschen außerhalb des Zimmers sind schmutzig und deprimierend. Heißes Duschwasser läuft erst ab acht Uhr abends.

In Hotan finden wir wieder nur zu große oder zu kleine Reifen für „Flöhchen", mein Fahrrad. Es ist hoffnungslos! Wir denken ans Vulkanisieren, ein Straßenschuster will Lederstreifen in die Reifen kleben. Wir überlegen hin und her und finden keine zufriedenstellende Lösung, bis ich meine Freundin Gabi in Bremen anrufe, die so schnell wie möglich neue Reifen schicken will, auch für Davids Mountainbike. Und damit beginnt eine lange, eine vierwöchige Zeit des Wartens!

Wir schlendern durch die Straßen, über Märkte und durch Warenhäuser. Während die Märkte bunt und voller Leben sind, wirken die Hallen der staatlichen Warenhäuser trostlos. Die wenigen Produkte liegen verstreut in Regalen und Schautheken. Sie wirken verloren wie in der Wüste. Gelangweilt sitzen die Verkäuferinnen herum. Man sieht ihnen an, dass sie keine Lust haben, sich zu bewegen. Mechanisch und geistesabwesend bedienen sie ihre Kunden.

Gegenüber der Post breitet sich ein großer Textilmarkt aus. Schöne Jacken stehen im Angebot, doch jedes T-Shirt und jeder Sweater ist aus Synthetik hergestellt. Der Nachtmarkt ist, wie der in Kashgar, aufregend exotisch und voll Flair. Neben gewöhnlichen Gerichten wie Reis mit Huhn, Nudelsuppen und Teigtaschensuppen gibt es Schafsköpfe und Hühnerklauen, an denen die Menschen nagen. Leckere, mit Fleisch gefüllte Teigtaschen werden in einem mit Holzkohle befeuerten Lehmofen an den heißen Wänden gebacken. Es gibt in heißer Asche gegarte Eier, außerdem Obst, Melonen, Pfirsiche und Weintrauben. Für viele junge Leute ist der Nachtmarkt ein Treffpunkt.

Zum Frühstück gehen wir jeden Tag an denselben Uiguren-Stand und sitzen draußen am Tisch. Wir werden zu Stammgästen, die zugucken, wie die junge Frau des Hauses Lammkeulen in Stücke schneidet und auf Spieße steckt. Sie macht das zwölf Stunden am Tag, tagaus, tagein. Auch sonntags arbeitet sie. Ein 13-Jähriger, Mitglied der Großfamilie, grillt die Spieße über

Holzkohle. Sie sind immer frisch und wir werden nicht müde, die knusprige, saftige Köstlichkeit mit dem noch warmen Fladenbrot zu essen, manchmal zweimal am Tag. Trotz seines langen Arbeitstages hat der Junge anhaltend gute Laune. Wir sehen dieselben Gesichter immer wieder, zum Beispiel die dicke Oma mit der neun Monate alten Enkeltochter.

Auf der Post lerne ich Xian Ma kennen, einen 21-jährigen Chinesen. Er arbeite für ein Reisebüro als Reiseführer, sagt er in seinem begrenzten Englisch. Wir laden ihn zum Essen auf den Nachtmarkt ein. Er verdiene nur 200 Yuan im Monat, sagt er. Er möchte reich werden, das sei sein großer Traum. Er schenkt mir einen beschädigten Jadering.

Am nächsten Abend gehen wir erneut mit Xian Ma essen, woraufhin er uns in die Handschuhabteilung eines Warenhauses führt. Er sucht sich ein Paar Handschuhe aus und hält sie uns hin: Bezahlt sie mal! Aber warum sollten wir? Der Ärger ist dem Jungen ins Gesicht geschrieben, er ist sauer. David wollte eigentlich mit ihm Billard spielen gehen, hat aber keine Lust mehr, und ich auch nicht.

Auf einem anderen Basar verkaufen die Händler Textilien und Stoffe, Klempner- und Schlosserwaren, Fahrradteile, jede Menge Reifen, die nicht auf mein Fahrrad passen, Haushaltswaren und Krimskrams. Ein Schuhmacher auf der Straße näht die aufgeplatzten Stellen an Davids Schuhen und neue Schnallen an meine Radtaschen.

Das Warten auf die Reifen nimmt kein Ende. Jeden Tag gehen wir zur Post, immer wieder vergeblich, jeden Tag sind wir enttäuscht: Sie sind nicht da, immer noch nicht, aber vielleicht morgen? Die Situation zermürbt.

Eines Abends glauben wir unseren Augen nicht zu trauen: An der Rezeption des Hotels steht die Amerikanerin Cheryl, die wir Ende August in Passu auf dem KKH in Pakistan trafen. Wir verbringen zusammen drei schöne Tage und werden auf erholsame Art und Weise von unserem Problem, den vermaledeiten Reifen, abgelenkt. Am Sonntagmorgen um sechs Uhr bringen wir Cheryl zum Busbahnhof und verabschieden sie.

Xian Ma kommt im Hotel vorbei: Hallo! Er geht jetzt jeden Abend wieder mit uns essen.

Für eine Woche hat ein kleiner Zirkus seine Zelte in der Stadt aufgeschlagen. Es ist der Zirkus der gequälten Tiere. Ein riesiger Tiger und ein Löwe sitzen in kleinen Käfigen und erinnern sofort an den „Panther" von Rainer Maria Rilke: „Der weiche Gang geschmeidig starker Schritte […] ist wie ein Tanz von Kraft um eine Mitte,/ in der betäubt ein großer Wille steht." Ein

Nasenbär und ein kleiner Affe mühen sich auf einem Fahrrad ab. Besonders abartig: Der Tiger reitet auf einem Pferd und eine Ziege balanciert auf einem Seil.

An einem Mittwochmorgen kommt Xian Ma uns entgegen und teilt uns mit: „Das Paket ist da!" Wir rennen zur Post, holen das Paket ab, hasten ins Hotel und öffnen die lang ersehnte Fracht. Wir wollen die Reifen aufziehen und entdecken die Katastrophe: Meine Reifen passen nicht! Nein! „Flöhchen" bekommt immer noch keine neuen Schuhe. Ich habe eine falsche Größe angegeben. Einem Radfahrer auf großer Tour dürfte solch ein Fehler nicht unterlaufen, aber die Zahlen auf den Reifen sind für mich „böhmische Dörfer". Die Eselei ist passiert, sie ist eher zum Lachen als zum Weinen. Einer der Mountainbikereifen hat einen Schlitz in der Seitenwand, denn irgendjemand hat in den Karton gestochen. David kann ihn trotzdem benutzen.

Ich rufe zu Hause an und erwische meinen Bruder am Telefon. Noch heute will er zwei Reifen auf den langen Weg nach China schicken. In Hotan wollen wir allerdings nicht mehr warten. Wir wollen mit Bussen die große Wüste umrunden und bestellen die Reifen nach Xining, der Hauptstadt der Provinz Qinghai.

Zum zweiten Mal lassen wir unsere Visa in Hotan verlängern. Die junge, freundliche Frau im Büro drückt die Stempel anstandslos in die Pässe. Mit Xian Ma gehen wir am Abend zu unserem Stammplatz, um dort ein letztes Mal die leckersten Spieße der Welt zu genießen. Alle Mitglieder des Familienunternehmens haben sich versammelt, um uns zu verabschieden. Sie schenken uns zehn gekochte Eier für die Reise. Yuban, der fleißige Grillmeister, guckt traurig, als wir weggehen. Und Xian Ma schenken wir zum Abschied ein Paar Handschuhe. Er ist total verdattert.

In der tiefsten Wüste
Minfeng, Qiemo, Ruoqian: 800 Kilometer mit dem Bus

Um sechs Uhr kaufen wir die Busfahrkarten. Um sieben Uhr zehn steigen wir in den Bus ein, um sieben Uhr dreißig setzt sich der Bus in Bewegung – und hält bald darauf an einem zweiten Busbahnhof. Die Leute verladen eine halbe Lastwagenladung auf dem Dach: Säcke, Öfen, Körbe, Reifen und Kisten. Um acht Uhr fünfundvierzig verlassen wir Hotan.

Um Cele herum breitet sich eine savannenähnliche Wüste aus. Gräser heben sich grün vom Braun der Erde ab, vereinzelt gibt es Bäume und Wassertümpel. Dünen ragen aus der Ebene. In den Oasen färben sich die Blätter der Pappeln goldgelb und geben Kunde vom tiefen Herbst, der die Taklamakan umfängt und erträgliche Temperaturen beschert. Morgens und abends herrscht bereits winterliche Kälte. Das Heizungsrohr im Gang des Busses gibt kaum Wärme ab, dafür umso mehr Schmutzpartikel. Die Luft ist gefüllt mit Abgasen. Das weiße Tuch im Gesicht einer Frau verfärbt sich schwarz um Mund- und Nasenpartie.

In der ersten Tageshälfte halten wir oft an. Auf halber Strecke essen wir in Yutian (Keriya). Es ist wärmer geworden. In Yutian beginnt die Schotterstraße durch die Wüste. Sie führt einen etwa 2000 Meter hohen Pass hinauf und fällt dann über 40 Kilometer nach Minfeng, unserem Tagesziel, ab. Der feine Staub füllt die Luft im Bus und beschlägt meine Brille, die ich alle fünf Minuten absetze und putze. Um halb fünf am Nachmittag erreichen wir die goldgelbe Oase von Minfeng, eine klitzekleine Stadt mit einem Markt. Im Hotel nehmen wir ein Doppelzimmer mit Bad und freuen uns auf die Dusche, die die Staubschicht aus Haaren und Poren spülen soll. Doch der Wasserhahn ist abgedreht, erst spät am Abend fließt kaltes Wasser. Der Strom ist zu allem Übel auch ausgefallen. Eine halbe Stunde sitzen wir im Finsteren, bis ich um eine Kerze bitte. Der Angestellte treibt einen zwei Zentimeter langen Stumpf auf. Schmutzig gehen wir ins mollig warme und bequeme Bett.

Wir schlafen dreizehn Stunden und erhitzen über dem Campingkocher neben dem Kaffeewasser Duschwasser. Wir behelfen uns, so gut wir können, waschen uns und radeln ins Städtchen. Auf dem Markt stehen viele Stände leer. Gemüse und Obst können wir nicht auftreiben. Wir radeln zum Ort hinaus an Lehmgehöften vorbei und folgen einem staubigen Erdweg zu einem See. Schön geschwungene Dünen umrahmen das tiefblaue Wasser. Wir kehren zurück.

Im Hotel gibt es wieder erst am späten Abend fließendes Wasser und zeitweise fällt der Strom aus. Wir haben uns mittlerweile Kerzen besorgt und zünden sie an. Die Errungenschaften einer funktionierenden Zivilisation sind in Minfeng noch nicht angekommen.

Die Ruinen der antiken Stadt Niya liegen 150 Kilometer nördlich von Minfeng in der Taklamakan. Vor über 2000 Jahren war Niya während der Han-Dynastie ein wichtiges Handelszentrum. Der britische Archäologe Sir Aurel Stein fand bei Ausgrabungen im Jahr 1901 in Karoshti (antike indische Schrift) beschriebene Holztafeln, die er ins Britische Museum schaffte. Chinesische und japanische Archäologen entdeckten 1988 Tonsiegel, die mit Bildnissen griechischer Gottheiten versehen waren. Die alten Kulturen an der Seidenstraße sind heute noch voller Geheimnisse und warten darauf, entdeckt zu werden.

Wir radeln durch den frostigen Morgen zum Busbahnhof. Ein Bus ist weit und breit nicht zu sehen. Die Sonne geht auf und wärmt die Luft. Wir setzen uns auf eine Bank und spielen Jazzy, ein Würfelspiel, um uns die Zeit zu vertreiben. Ein Mann unterbricht uns und weist auf die Straße vor dem Tor des Busbahnhofs: In der Straße hält euer Bus nach Qiemo, er kommt nicht auf den Hof!

Ja, da steht er. Auf seinem Dach türmen sich Säcke, Kisten und Pakete. Der Fahrer winkt ab, als er die Fahrräder sieht: „Ihr könnt nicht mit!" Erst in vier Tagen führe wieder ein Bus, verstehen wir. Vielleicht würden wir ja warten, doch in vier Tagen stünden wir wahrscheinlich vor dem gleichen Dilemma: Für Fahrräder ist kein Platz!

David packt unsere Seile aus, klettert auf das Dach des Busses, zieht die Räder hoch, befestigt mein Fahrrad an der Seite und seins hinter dem Gepäck, ohne dass der Fahrer protestiert. Die Runde haben wir gewonnen! Rucksäcke und Zelt lagern wir auf dem Dach des Busses, die Radtaschen, legen wir hinten auf den Rücksitz und setzen uns nach vorn. Aber es geht noch lange nicht los. Erst wird der Ersatzreifen des Busses geflickt. Ein Mann verstaut sein Fahrrad ebenfalls auf dem Dach, unter Lebensgefahr hievt er es an meinem vorbei weiter nach vorn. Ein paar Säcke lagern vor dem Gepäckträger direkt auf dem Dach. Auch das geht. Der Bus füllt sich mit Menschen und weiterem Gepäck. Unsere Ausrüstung reichen die Leute uns nach vorn. Fast alle sitzen, ein paar Leute stehen, und ich zwänge unsere Taschen in den engen Gang. Am Mittag fahren wir ab.

Der Bus holpert über eine raue, steinige Piste in die Wüste hinein. Wir kommen an ein paar Seen vorbei, die wahrscheinlich Salzwasser enthalten. In der Ferne hat der Nordostwind die Kammlinien der geschwungenen Dünen messerscharf ausgeschnitten. Wir halten erneut an. Am Wegesrand stehen vier Leute. Zwei Männer und zwei Frauen drücken sich mit einem großen Sack durch die Tür. Das physikalische Gesetz, wo ein Körper ist, kann kein anderer sein, wird hier gesprengt. Das Unmögliche wird möglich.

Wir sitzen an der Tür und der ohnehin kaum vorhandene Fußraum ist belegt. Ich stelle einen Fuß auf Davids Schuh, es bleibt mir nichts anderes übrig.

Die alte Frau setzt sich auf den Sack, hebt bedauernd ihre Schultern und entschuldigt sich für das beengte Sitzen, das sie und ihre Verwandtschaft verursacht haben. Ihr Sohn, der ihr wie aus dem Gesicht geschnitten ist, schenkt uns zum Trost zwei Äpfel.

Wir fahren auf einen Sandhügel zu und müssen anhalten, denn ein Lkw hängt an der Steigung fest, gibt immer wieder Gas, die Räder drehen durch. Der Lkw-Fahrer gibt schließlich auf und lässt sich zurückrollen. Unser mit seinem schwarzen Haar und Stoppelbart verwegen aussehender Fahrer überwindet das Hindernis mit Bravour. Mit Gefühl und Begeisterung lenkt er das schwere Gefährt durch das Sandmeer. Von der Wüste lässt er sich nicht kleinkriegen. Fehlende Schaufeln und Planken, die ein Wüstenfahrer zur Sicherheit mit sich führen sollte, ersetzt er durch Schneid und meisterliches Können. Ich habe diese Hilfsmittel jedenfalls nicht entdecken könne, weder auf dem Dach noch im Passagierraum.

Erst gegen fünf Uhr am Nachmittag halten wir an, um in einer Hütte an der Piste eine gute und schmackhafte Nudelsuppe zu essen. In dieser Siedlung steigen ein paar Leute aus, leerer wirkt der Bus trotzdem nicht.

Die Nacht bricht herein, es wird kalt. Gegen zehn Uhr taucht eine Pappelallee im Scheinwerferlicht auf. Kurz darauf erreichen wir den Busbahnhof von Qiemo. Die Schlafsäle der Busbahnhofsherberge gruppieren sich um den Platz. Im Nu sind sie besetzt. Eine Familie schläft draußen vor einem Stapel Säcke am Boden. Wir laden die Fahrräder ab und suchen unsere über das Dach verstreuten restlichen Sachen, breiten die Plane auf der Erde aus und kriechen in unsere Schlafsäcke. Der Manager des Platzes weist mit seinem Finger zum Tor hinaus: auf die Straße: „Geht ins Hotel der Stadt Qiemo!" Wir lassen uns nicht verjagen, sondern bleiben! Alle Passagiere sind unglaublich verstaubt. Das schwarze Haar unseres Fahrers ist grau geworden wie Altschnee. Am Himmel ist das Sternbild des Orion aufgezogen und die Plejaden funkeln in der Wüstennacht.

Um acht Uhr in der Frühe soll unsere Fahrt nach Ruoqian weitergehen. Die Leute in den Schlafsälen erwachen früh und stehen in der Dunkelheit auf dem Hof. Ein Bus kommt um fünf auf den Platz gefahren. Wie die Mücken auf eine Beute, stürzen sich die Menschen mit all ihrem Krempel auf den Bus, verstauen ihn auf dem Dach, steigen ein, und der Bus verschwindet vom Gelände. Wie wir später erfahren, war das der Bus nach Ruoqian. So schnell, wie er weg war, hätten wir gar nicht packen können. Für einen Tag sitzen wir hier fest. Der nächste Bus fährt nicht vor Morgen.

Ein eiskalter Morgen bricht an. Die Kälte kriecht in Hände und Füße. Mit klammen Fingern kochen wir Kaffee, bepacken die Fahrräder und stellen sie in einer Ecke des Hofs ab. Hungrig und frierend schlendern wir in den Ort. In einem der Straßenrestaurants bullert hinter einem Vorhang ein Kanonenöfchen. Holzscheite stapeln sich an der Wand. Wir lassen uns nieder, um uns aufzuwärmen, und essen zum Frühstück die gerade frisch zubereiteten, in Dampf gegarten Teigtaschen. Frisch gestärkt und warm geworden, laufen wir über die Märkte und kaufen einen chinesischen Gepäckträger für Davids Mountainbike. Seiner ist bereits an drei Stellen gebrochen. Heute hat er Zeit, den neuen zu montieren und anzupassen. Letzeres ist schwierig, weil die Größen der chinesischen Laufräder nicht mit denen der deutschen übereinstimmen.

Die Fahrkarten kaufen wir schon heute. Die Schlafsäle dürfen wir nicht betreten. Warum nur? Als es wärmer geworden ist, wasche ich mir die Haare im Waschraum. David hat sich inzwischen an die Arbeit gemacht. Mit Fingerspitzengefühl und viel Geduld versucht er, den Gepäckträger über das Vorderrad zu bauen, umringt von neugierigen Zuschauern. Unter ihnen ist ein Helfer, der mit Händen und Füßen Ratschläge gibt und tatkräftig mit anpackt. Der Manager der Herberge bedeutet uns, wir sollten ins Hotel des Ortes verschwinden. Wahrscheinlich fehlt ihm die Lizenz, Ausländer bei sich aufzunehmen. Wir machen ihm klar, er solle die Polizei rufen, denn wegen der frühen Abfahrtszeit wollten wir an Ort und Stelle sein. Die Polizei kommt tatsächlich, eine Polizistin, etwa 50 Jahre alt, eine resolut aussehende Frau. Sie steigt von ihrem Fahrrad und guckt eine Weile zu, wie David und der junge Chinese vertieft tüfteln, geht weg, kommt wieder und fordert uns auf, ins Hotel zu gehen. Ich zeige ihr die Fahrkarten mit der frühen Abfahrtszeit und frage mittels meines Phrasenbuchs: „Warum?" Ja, warum eigentlich? Das fragt sich diese praktische Frau offenbar auch. Sie spricht mit dem Wart, weist auf die Schlafsäle und verschwindet. Wir beziehen ein Vierbettzimmer, in das wir die Fahrräder schieben, und gehen essen.

Um fünf Uhr am nächsten Morgen trinken wir in unserem Zimmer Kaffee. Ich gucke vor die Tür. Der Bus nach Hotan erscheint auf dem Platz. Von unserem Bus ist weit und breit nichts zu sehen. Eine halbe Stunde später zeigt ein Mann zum Tor hinaus. Dort fährt gerade ein Bus ab, unser Bus, wir haben ihn erneut verpasst. Wir warten, bis es hell wird und suchen – bis auf die Knochen durchgefroren – ein Restaurant auf. Im Schlafsaal am Busbahnhof dürfen wir nicht mehr bleiben. Nachmittags radeln wir zum Ort hinaus und schlagen das Zelt am Fluss auf. In der anbrechenden Dunkelheit bringen eine Frau und ein Junge aus dem nahe gelegenen Haus auf dem Hügel Feuerholz und legen es vor unser Zelt. Unglaublich! Wir zeigen unseren Wohltätern unsere warmen Schlafsäcke, um zu erklären, dass sie sich keine Sorgen machen müssen.

In der Nähe von Qiemo soll es die Ruinen einer untergegangenen Stadt geben. Chinesische Archäologen fanden auf einem alten Friedhof 3000 Jahre alte Mumien, die heute im Museum von Ürümqi ruhen. Um verfallene Mauern im Wüstensand wollen wir uns jedoch nicht kümmern. Wir haben genug damit zu tun, weiterzukommen und die Orte der Neuzeit zu erreichen.

Um vier Uhr in der Nacht trinken wir schnell eine Tasse Kaffee, packen und schieben die Räder in der Dunkelheit den Sandweg zur Straße hinauf. Heute steht der Bus auf dem Platz des Busbahnhofs. Wir laden die Räder und das Gepäck auf das Dach. Dort herrscht Hochbetrieb: Die Leute verladen und vertäuen ihre Köfferchen und Taschen, aber keine Säcke mehr. Statt um fünf Uhr dreißig setzt sich der Bus um sechs Uhr fünfzehn in Bewegung. Bisher saßen mehr Uiguren im Bus als Chinesen, jetzt ist es umgekehrt, die Anzahl der chinesischen Passagiere überwiegt. Der Bus ist in besserem Zustand als der letzte. Die Tür- und Fensterdichtungen sind noch vorhanden, im Boden sind noch keine Roststellen und Löcher zu entdecken.

Die Piste führt auf eine schneebedeckte Gebirgskette zu und verläuft dann parallel in ihrem Schatten. Zu Mittag essen wir in einer Siedlung. Nach dieser Pause halten wir kurz darauf schon wieder an. Alle Männer steigen aus und laufen auf zwei Lastwagen zu, die ein paar Hundert Meter entfernt auf der Piste stehen. Stecken die Lkws fest? Wollen die Männer helfen? Dann merken wir, was los ist: Unser Fahrer gibt Gas und der nun leichtere Bus donnert durch eine pure Sandstrecke. Die Männer steigen wieder ein. Nicht lange, da breitet sich schon wieder ein Sandmeer von mindestens einem Kilometer Durchmesser vor uns aus. David und ich laufen mit den anderen durch die Wüste. An vielen Stellen ist die Schotterstraße weggewaschen, vermutlich von den Schmelzwassern, die im Frühling von den Bergen fließen. Die Flüsschen sind zurzeit ausgetrocknet. Kleine Brücken überspannen sie, wahrscheinlich ist eine Asphaltdecke geplant.

Am späten Nachmittag erreichen wir den Busbahnhof von Ruoqian. Langgezogene, niedrige Steinhütten mit Vierbettzimmern liegen rund um einen viereckigen Platz. Die stinkende Senkgrube befindet sich in einer Ecke, ein Wassertank aus Beton gegenüber. Die junge Frau, die die Herberge verwaltet, ist überaus freundlich und will uns nicht vertreiben. Anstandslos überlässt sie uns ein Zimmer.

Um halb elf in der Nacht klopft jemand an die Tür, der Schlüssel knirscht, eine junge Frau und der Busfahrer treten ins Zimmer und reden auf uns ein. Wir verstehen sie nicht und sie verschwinden schließlich. Vielleicht wollten sie uns sagen, dass der Bus in den frühen Morgenstunden nach Korla weiterfährt, einem Ort auf der Strecke nach Ürümqi im Norden. Wir wollen aber der Seidenstraße weiter nach Osten folgen. Sie führt über den Gebirgskamm des Altun-Gebirges nach Golmud und dann nach Dunhuang.

Wir frühstücken in der großen Küche am Busbahnhof und dürfen laut Gesetz keine zweite Nacht bleiben. Ausländer müssen im Touristenhotel übernachten. Wir fahren dahin, nehmen ein Doppelzimmer und freuen uns auf die heiße Dusche, die es nachmittags um vier geben soll. Aber Pustekuchen, die Duschen bleiben geschlossen. Nur ein „Vollbad" in einer Waschschüssel rettet uns vor der schlimmsten Verwahrlosung.

Wir ziehen Erkundigungen ein: Wie kommen wir von hieraus weiter? Ein junger Mann spricht ein bisschen Englisch und sagt, die Straße nach Golmud sei sehr schlecht. „You have to take a jeep!" Wir radeln zum Busbahnhof und fragen dort noch einmal nach. Die Auskunft lautet: Auf der Strecke nach Osten fahren nur Jeeps. Wie groß diese Jeeps sind, wissen wir nicht. Ich stelle sie mir klein vor. Wegen der Fahrräder und des Gepäcks fällt solch eine Tour flach. Wir befürchten, dass für unsere Sachen nicht genug Platz ist. Wohl oder übel müssen wir die geplante Südroute verlassen und den riesigen Umweg über Korla im Norden machen, um von dort aus der nördlichen Seidenstraße weiter nach Osten zu folgen.

Ruoqian liegt in der Südostecke der Taklamakan. Diese Kleinstadt mit ihren schlechten Straßen wirkt trostlos, öde und verlassen, ein Wüstenort am Ende der Welt. Die drei Warenhäuser sind düster und schlecht bestückt, der Plunder in den kleinen Läden ist verstaubt. Drei lange, beschwerliche Reisetage sind wir entfernt von Hotan mit seinen bunten Basaren und Märkten. Auf einer Wüstenpiste, die zurzeit mit einem Fahrrad nicht zu bewältigen ist, sind wir hierher geholpert, immer tiefer in die Unwegsamkeit der Taklamakan hinein. Wir stecken tief in der Einöde, und der Mond scheint uns näher zu sein als die Annehmlichkeiten der Zivilisation. Das Leben an solch einem Punkt ist ungeheuer unbequem und ungeheuer spannend.

Östlich von Ruoqian liegt eine alte Ruinenstadt namens Miran. Der Schwede Sven Hedin (1865 – 1952), der große Forscher, machte vier Ex-

peditionen nach Zentralasien und entdeckte Miran im Jahr 1900. Sir Aurel Stein führte ein paar Jahre später hier Grabungen durch und fand tibetische Dokumente aus dem achten und neunten Jahrhundert. Er legte buddhistische Tempel frei und fand die ältesten Fresken, die jemals in Ostturkestan gefunden wurden. Sie stammen aus dem dritten Jahrhundert und zeigen Gesichter mit runden Augen, die den westlichen Einfluss spiegeln und an griechische und römische Kunst erinnern. Die Kostbarkeiten gelangten nach London, Delhi und Ürümqi.

Der lange Weg nach Norden
980 Kilometer von Ruoqian über Korla nach Ürümqi mit dem Bus

Wir verlassen das Hotel in der Morgendämmerung und radeln zum Busbahnhof. Was der Tag bringen wird, wissen wir nicht. Vielleicht fährt ein Bus, vielleicht nicht. Das Tor des Busbahnhofs ist noch verschlossen, ein Bus ist weit und breit nicht zu sehen. Eine Angestellte schließt endlich auf und wir gehen in die große Küche des Restaurants. In einem Nebenraum heizt ein stämmiges, junges Mädchen den Kanonenofen an. Wir wärmen uns auf und warten ab. Das Mädchen fegt und räumt auf. Der Koch fängt an zu kochen. Die kleine Dicke legt Kassetten auf und tanzt. Die Sonne scheint durch die Butzenscheiben und der ganze Raum strahlt.

Wir haben eine Nudelsuppe bestellt und frühstücken. Und plötzlich geschieht das Unglaubliche: Ein Bus fährt vor, er ist auf dem Weg nach Korla. Die Leute steigen aus und lassen sich nieder, um ebenfalls zu frühstücken. In aller Ruhe verladen wir die Fahrräder und das Gepäck auf dem Dach des Busses.

Alle Plätze sind besetzt. An den Eingängen sitzen einige Passagiere auf Taschen und Säcken. Der Fahrer ruft uns zu sich ins Führerhaus. Drei Leute füllen ihn schon aus: Zwei Männer sitzen direkt hinter dem Fahrer und dem Schaffner und ein Mann sitzt auf dem Motor, der das Führerhaus teilt. Wir zwängen uns mit auf den Motor und haben es mollig warm. Der Schaffner verteilt Zigaretten und Äpfel, er legt Kassetten auf, und mit chinesischen Hits in voller Lautstärke geht es über die Schotterpiste. Einmal taucht ein Stück Asphalt auf, zerbröckelt und voller Schlaglöcher. Streckenweise bedecken gelbe, hochkant gepflasterte Ziegelsteine die Trasse, ein gelbes Band in gelber Wüste.

Wir durchfahren die Wüste Lop Nor, die Teil der Taklamakan ist. Lop Nor war vor zwei oder mehr Millionen Jahren ein riesiger Süßwassersee, der mehr und mehr austrocknete. In den Siebzigerjahren versiegte der letzte Tropfen, weil mit dem Wasser der Flüsse, die den See speisten, Felder und Oasen bewässert werden. Im Gebiet Lop Nor führten die Chinesen mittlerweile unzählige unterirdische Atomtests durch. Die Uiguren in der Südwestecke der Taklamakan beklagen sich über vermehrt auftretende Krebserkrankungen, aber das kümmert die Chinesen nicht.

Am Mittag halten wir in einem winzigen Ort, um dort zu essen. Schweine rennen über den erdigen Platz, der von Lehmhäusern umgeben ist, ein paar verstaubte Bäume stehen draußen im Sand. Die Wüste geht in Steppe über. Wir folgen einem Kanal und erreichen am späten Nachmittag eine richtige Stadt. Der Bus fährt nicht nach Korla durch, sondern hält vor einem Hotel für die Nacht an. Alle steigen aus, gehen durch die langen Gänge und verschwinden in einem der Vierbettzimmer, nachdem sie im Büro bezahlt haben.

Fahrer und Schaffner begleiten uns ins Büro und nehmen rege an der Besprechung teil. Offensichtlich verhandeln alle zusammen den Preis, den ein reicher Tourist zahlen kann. Die Augen glänzen in Erwartung eines guten Geschäfts. Ein Bett kostet acht Yuan, hatte uns einer der Mitreisenden gesagt. Wir sollen das Zehnfache bezahlen. Wir stehen auf und gehen, um die Campingsachen vom Bus zu holen. Der steht da nicht mehr. Das ist ärgerlich. Wir gehen zurück und setzen uns auf eine Bank im Gang, um dort zu schlafen. Der Manager kommt und bietet uns nach einer weiteren Weile des Verhandelns ein Zimmer für zwanzig Yuan an. Fahrer und Schaffner, die uns immer noch begleiten, ziehen plötzlich Geld aus der Tasche und zahlen für uns. Wir gehen zusammen in die Küche des Hauses und der Manager lädt uns alle zum Essen ein. Der Fahrer und auch der Schaffner übernachten sowieso umsonst und bekommen Essen, Getränke und Zigaretten gratis.

Bald biegt sich der Tisch. Fisch, Shrimps, Fleisch, Nudeln, mehrere Gemüseplatten – das Festmahl ist komplett. Wir greifen zu. Bier wird eingeschenkt und unser Busfahrer lässt sich mit Schnaps volllaufen. Immer wieder stößt er mit einem der Köche an. Prost! Seine Laune ist gut, sein Blick wird glasig. Manager, Fahrer und Schaffner begleiten uns auf unser Zimmer, setzen sich, und wir unterhalten uns mittels meines Phrasenbuchs. Endlich haben alle die nötige Bettschwere und gehen schlafen. Wir sind allein im sauberen Zimmer mit sauberen, warmen Betten. Bevor ich in die Federn krieche, irre ich durch die Gänge und suche die Toilette, kann sie nicht finden und gehe schließlich auf den Hof. Am nächsten Morgen sehe ich die Leute hinter der Mauer des Hotelkomplexes im Freien verschwinden.

Um sechs Uhr soll der Bus abfahren, doch der Fahrer schläft noch seinen Rausch aus. Die Passagiere stehen frierend in der Dunkelheit. Mit einer Stunde Verspätung kommt unser Fahrer schlaftrunken aus dem Bett, setzt sich ans Steuer und fährt los. Zum Frühstück später sind wir wieder seine Gäste. Am Mittag erreichen wir Korla. Um den Platz herum gruppieren sich die praktischen Schlafräume. Wir dürfen nicht bleiben und gehen ins Hotel. Am Abend fließt heißes Wasser. Wir nähern uns den Annehmlichkeiten der Zivilisation, obwohl wir der Wüste noch lange nicht entronnen sind.

Korla ist ein öder Industrieort. Die Schornsteine der Fabriken qualmen schwarz. Wir können kaum einen Kilometer weit gucken. Die Konturen der Berge in der Nähe verschwimmen im Smog,. In den kleinen, unpersönlichen Restaurants sind die Preise doppelt so hoch wie in den Orten auf der Südroute um die Taklamakan.

Unser nächstes Ziel ist Turfan an der Nordroute. Es soll keinen direkten Bus geben. Wir versuchen, CITS zu finden, den chinesischen Reisedienst. Der Mann an der Rezeption unseres Hotels schreibt unseren Wunsch in chinesischen Schriftzeichen auf einen Zettel. Wo immer wir ihn vorzeigen, weisen die Leute in eine Richtung: Geht dahin! Wenn wir da sind, weisen die Leute uns zurück: Geht dahin! Es geht hin und her! Wir schwingen uns schließlich auf die Fahrräder und radeln zum größten Hotel Korlas. Die junge Frau an der Rezeption spricht gebrochen Englisch und teilt uns mit, einen direkten Bus nach Turfan gäbe es nicht Wir müssen den großen Umweg über Ürümqi machen, der Hauptstadt der Provinz Xinjiang. Der Bus fährt um fünf Uhr in der Nacht ab, bekommen wir heraus. Vom Etagenservice in unserem Hotel erbitten wir Davids Pass zurück, gehen aufs Zimmer und trinken Tee.

Wir glauben gerade, wir hätten alles geregelt, da klopft es an die Tür. Zwei junge Mädchen des Hotels stehen im Zimmer und verlangen erneut Davids Pass. Wir erklären ihnen, dass wir das Hotel sehr früh verlassen müssten und kein Risiko eingehen wollten. Es geht wieder hin und her. Sie wollen den Pass oder wir sollen zwanzig Yuan hinterlegen. Haben sie Angst, dass wir den Fernseher stehlen? Aber das ist ihr Problem. Gar nichts bekommen sie, keinen Pass und kein Deposition.

Wir stehen um vier Uhr fünfzehn auf, tasten uns die breite, dunkle Treppe hinunter und verlassen das Hotel. Die Fahrkartenschalter am Busbahnhof sind geschlossen. Alles ist dunkel, Straßen, Häuser – Korla schläft.

Nach einer Weile öffnen die Schalter und David besorgt die Fahrkarten für uns beide. Der Bus fährt vor. Oh Gott, er hat keinen Dachgepäckträger. Was jetzt? Der Fahrer winkt schon ab, die Räder dürfen nicht mit. Ich gehe zum Schalter, um das Problem zu klären. Die Frau dort war gestern schon eine Zicke, als wir versuchten, die Fahrkarten im Voraus zu kaufen, und heute Morgen ist sie es erst recht. Unsere Fahrräder sind nicht ihr Problem. Wir verhandeln erneut mit dem Busfahrer, einigen uns auf zwanzig Yuan extra für die Räder, nehmen sie auseinander und verstauen sie hinter der letzten Sitzreihe. Ich will mit einem Fünfzig-Yuan-Schein bezahlen, als der Fahrer und die junge Schaffnerin zweihundert Yuan verlangen. Dann wollen sie einhundert Yuan, dann achtzig, und ich will von den fünfzig Yuan dreißig zurück. Wir schreien uns an, und sie behalten am Ende die fünfzig Yuan.

Kurz nach sieben fahren wir ab. Die Wüste glänzt unter einer Schicht von Eiskristallen. Wir rollen über Plateaus und durch Bergwüste. Die Straße ist asphaltiert. Auf der gesamten Strecke herrscht viel Verkehr. Mittags bewältigen wir ein Stück Schotterpiste. Die Berge ringsum sind verstaubt. Viele Lkws sind gestrandet, Fahrzeugleichen, die den Anstrengungen einer Wüstentour nicht gewachsen waren und aussehen, als ob sie das Zeitliche für immer gesegnet hätten. Schrott, den die Wüste verschlingen wird.

Als wir am Abend Ürümqi erreichen, regnet es ein bisschen. Direkt am Busbahnhof liegt ein Hotel. Wir verhandeln den Zimmerpreis. Alle freuen sich, als wir die Fahrräder ins Foyer schieben, und helfen uns aufgeregt, Räder und Gepäck in den Aufzug zu bringen. Unser Zimmer ist sauber, die Heizung ist an! Die Duschen laufen abends, den Tag über fließt heißes Wasser aus den Hähnen. Mittlerweile sind wir total verdreckt. Der Wüstenstaub hat sich in die Kleidung gefressen. Wir waschen nach und nach die dicken Wintersachen, die Plüschjacken und die Plüschhosen, und trocknen sie auf der Heizung.

Ürümqi ist eine geschäftige Stadt. Die Kaufhäuser und Läden quellen über von Waren, in den Straßen braust der Verkehr. Wir versuchen, im „Holiday Inn" Geld zu tauschen, doch der Service ist nur für Hausgäste. Nebenan befindet sich im ersten Stock der chinesische Reisedienst CITS. Die junge Uigurin dort spricht fließend Englisch, eine Wohltat nach den Verständigungsschwierigkeiten in Korla. Durch das benachbarte Kasachstan ist sie schon nach Moskau und Istanbul gereist, um Verwandte in der Türkei zu besuchen. Sie kenne die Probleme eines Reisenden, sagt sie. Sie schreibt uns die Adresse einer Bank auf und gibt uns Auskunft über Busverbindungen für die Weiterfahrt.

Auf der Nordroute um die Taklamakan
1000 Kilometer mit dem Bus, 640 Kilometer mit dem Fahrrad

Von Ürümqi über Hami nach Dunhuang

Unser Bus zum 600 Kilometer entfernten Hami an der Nordroute der Taklamakan hat einen Dachgepäckträger. Beim Warten auf die Abfahrt kommen wir mit einem Chinesen ins Gespräch, der in Kasachstan lebt. Er hilft uns, unser Gepäck auf das Dach des Busses zu schaffen. Die Fahrräder verladen wir über einen Zugang im ersten Stock.

Er handelt mit Kleidung und lässt gerade einen Lkw beladen. Die riesigen Warenpakete füllen die Rampe unter der Überdachung des Busbahnhofs. Um vier Uhr nachmittags verlässt der Bus Ürümqi.

Eine Stunde später setzt schon die Dunkelheit ein. Wie der Teufel fährt der Busfahrer durch den starken Verkehr, der nach und nach abnimmt. Am späten Abend halten wir vor einem der vielen kleinen Restaurants, die ihre Geschäfte mit Buspassagieren machen. Die berühmte Turfansenke passieren wir bei Nacht. Sie liegt achtzig Meter unter dem Meeresspiegel, man nennt sie auch das „Land des Feuers", in dem extrem heiße Sommer herrschen. Die Lufttemperaturen steigen auf 47 Grad Celsius, während die Erde glühende 75 Grad Celsius erreicht. Im Winter fallen die Temperaturen auf moderate 15 Grad Celsius unter dem Gefrierpunkt.

Gegen fünf Uhr am Morgen leert sich der Bus. Wir sind wahrhaftig schon in Hami. Wir hatten eher mit einer 24-stündigen Fahrt als mit einer 13-stündigen gerechnet. Sofort bemühen wir uns um Fahrkarten für die Weiterfahrt nach Liuyuan, das an der Bahnstrecke nach Peking und auf dem Weg nach Dunhuang, unserem eigentlichen Ziel, liegt.

In unserem Anschlussbus stehen die Sitzreihen eng, die Knie passen kaum in den Zwischenraum. David sieht aus wie ein geschlagener Hund. In einem kleinen Straßendorf halten wir zum Frühstück an. Wir bestellen eine Nudelsuppe und warten und warten. Die ersten Leute steigen schon wieder in den Bus. Ehe wir ihn verpassen, verzichten wir lieber auf die Suppe, essen Schokolade und teilen uns das letzte Ei.

Wir verlassen die riesige Provinz Xinjiang und fahren nach Gansu ein. Pastellfarbene Hügelzüge in violett-blauem Licht rahmen das mit Grasbü-

Pagode in Zhangje, Xinjiang

scheln bewachsene, steppenartige Hochplateau ein. Die Landschaft wirkt transparent. Der Wüstenort Liuyuan liegt verloren in der unfruchtbaren Gegend und wirkt abweisend und öde. Stecken wir schon wieder – wie in Ruoqian – fest? Keineswegs – unser Bus fährt weiter nach Dunhuang. Wir bleiben sitzen, zahlen zu und erreichen eineinhalb Stunden später die Oase mit ihren ausgedehnten Feldern und zahlreichen Baumreihen. Schon bei der Einfahrt mögen wir das Städtchen.

Am Busbahnhof preist ein Mann das Dunhuang-Hotel – „with the best conditions of town" – und überreicht uns eine Werbung auf Englisch. Wir ziehen dort in ein Vierbettzimmer ein. Die Betten sind hart, die Örtlichkeiten auf dem Flur verdreckt und das Licht ist eine Funzel.

Von Dunhuang über Jiayuguan nach Zhangje
640 Kilometer mit dem Fahrrad

Vom 1100 Meter hoch gelegenen Dunhuang ist schon gut einhundert Jahre vor unserer Zeitrechnung die Rede. Hier vereinen sich die Nord- und die Südroute der Seidenstraße im Osten, während Kashgar den westlichen Knotenpunkt bildet. Dieser östliche Punkt hieß früher Shazou, „Sandgebiet". Vom alten Shazou ist wenig geblieben, Dunhuang, eine moderne Stadt, entstand in der Nähe. Die Sanddünen im Süden des Ortes, hoch wie ein Mittelgebirge, schimmern im Zwielicht der Dämmerung.

In Dunhuang planen wir Großes. Wir wollen endlich wieder Fahrrad fahren und haben eine Lösung für das Problem des durchgescheuerten Reifens gefunden. Wir kaufen ein komplettes chinesisches Vorderrad, auf dem der passende chinesische Reifen sitzt, und bauen es bei meinem „Flöhchen" ein. Der neue Schuh passt nicht hundertprozentig, denn die Bremsklötze der Vorderradbremse packen nicht mehr. Große Steigungen wie auf dem KKH sind nicht zu erwarten, die Hinterradbremsen werden ausreichen und wir fahren los.

Die berühmten Mogao-Grotten liegen 27 Kilometer außerhalb der Stadt. Wir folgen der Straße Richtung Anxi und biegen am Flughafen ab.

Die erste Grotte zu Ehren Buddhas schlug ein Mönch namens Lezun im Jahr 366 in die Felswand, nachdem ihm auf der Suche nach einer Unterkunft für die Nacht in der Dämmerung goldene Lichter über dem Mingsha-Berg erschienen waren. Eintausend Jahre lang entstand eine Kulthöhle nach der anderen, während die chinesischen Herrscherdynastien einander ablösten. Die Gestaltungskraft der Bildhauer und Maler erreichte ihren Höhepunkt während der Tang-Dynastie.

Im Mittelpunkt der gläubigen Verehrung steht immer wieder die Figur des in Meditation versunkenen Buddhas auf seinem Lotossitz. Er ist umgeben von seinen Lieblingsschülern und von buddhistischen Heiligen. Kleine, lebens- und überlebensgroße Tonfiguren füllen das Innere der Grotten und bilden eine Einheit mit den ringsum bemalten Wänden und Decken. In einer der Grotten erhebt sich ein zwanzig Meter hoher Buddha, in einer anderen geht ein liegender ins Nirwana ein.

Nach der Besichtigung radeln wir ein bisschen herum, füllen unsere Wasserbehälter in einer kleinen Wasser- und Bohrstation und schlagen das Zelt in der Nähe auf. Heute haben wir die Wüste und den Vollmond für uns allein.

Niemand klopft an und niemand stört. Glücklich trinken wir unseren Tee. David kocht eine Gemüsesuppe, die uns aufwärmt.

Am nächsten Tag radeln wir durch die Wüste. Zur Rechten zieht sich eine niedrige, erodierte Hügelkette hin. In einer kleinen Bauernsiedlung füllt ein Mann heißes Wasser in unsere Behälter, Trinkwasser, das in jedem Haus und Restaurant bereitsteht. Drei Kamele mit wuscheligem Fell, die den Menschen hier als Reit- und Zugtiere dienen, stehen auf dem sandigen Platz.

Jetzt, Mitte November, hält der Winter das Land bereits fest im Griff. Die Ränder der Flüsse sind gefroren. In der Nähe einer Radarstation ragt ein verfallener Turm auf, vielleicht ein Rest der Großen Mauer, daneben entdecken wir die Ruinen einer Festung. Einsam und unberührt spiegeln sich die alten Gemäuer im vereisten Fluss, verstaubte Monumente, um die sich niemand mehr kümmert.

An einer Tankstelle vor Anxi kaufen wir Benzin für den Kocher und in einem kleinen Laden Zucker und Milchpulver. Zwischen dornigen Büschen auf hubbeligem Terrain schlagen wir das Zelt auf. Die Sonne geht unter, es wird kalt. Die Temperaturen fallen auf fünfzehn Grad Celsius unter den Gefrierpunkt. Wir rollen uns im Schlafsack zusammen und machen uns klein. Die Kälte ist so eben zu ertragen.

Am nächsten Morgen ist das Wasser in unseren Flaschen gefroren, zwei Metallflaschen sind der Länge nach geborsten! Das Eis hat sich dick gemacht und mit seiner Kraft geprotzt. Die Sonne geht auf und wärmt uns wohlig auf. Wir trinken Kaffee und radeln nach Anxi hinein. Auf einem Markt essen wir an einem Stand gleich drei Mahlzeiten, gefüllte Teigtaschen und zwei Nudelsuppen.

Ein paar Kilometer weiter erreichen wir die große Fernstraße, die von Osten nach Westen verläuft, von Xi'an nach Ürümqi. In der Ferne, ein Stück von der Straße entfernt, entdecken wir am Nachmittag Bäume und Häuser und vermuten dort einen Fluss. Wir biegen ab und erreichen bald darauf das Dorf. Mit großen Augen starren die Menschen uns an. Im Hof eines Hauses steht eine Pumpe, an der wir die Wasserbehälter auffüllen, obwohl die Leute, besorgt um unsere Gesundheit, versuchen, uns ihr abgekochtes Wasser aufzudrängen. Hinter dem Dorf verläuft das weite, ausgetrocknete Flussbett und auch die Bewässerungsgräben führen kein Wasser. Die gepflügten Felder liegen dunkel unter dem Winterhimmel. Wir zelten zwischen Dorf und Straße.

Am nächsten Tag hat sich der Wind gedreht und bläst uns eisig ins Gesicht. Es dauert lange, bis uns ein bisschen wärmer wird. In den unteren Gängen mühen wir uns den Tag über ab, gegen den scharfen Ostwind zu bestehen. Wir zelten früh, schließen die Tür und kochen – vorsichtig – im Zelt. Die Flamme des Benzinkochers erwärmt die Luft und ohne zu frieren kriechen wir in die Schlafsäcke. Als wir bei Sonnenuntergang aus dem Zelt gucken, färbt sich der Horizont dunkelgelb.

Am nächsten Morgen ist aus dem Sturm ein Säuseln geworden und wir kommen besser voran. Mittags erhebt sich der Ostwind wieder, dreht sich und bläst uns in den Rücken. Nachmittags erreichen wir die altertümliche Siedlung Qiao Wan, deren Mauern im Geviert stehen und ein kleines Museum und einen Souvenirshops einschließen. Zu den Exponaten gehören eine Mumie, eine mit Menschenhaut bezogene Trommel und alte Münzen. Ein handgroßes, aus Elfenbein hergestelltes, buchähnliches Kästchen zeigt innen geschnitzte Buddha-Statuen und außen geschnitzte Elefanten. Der junge Museumsangestellte spricht kaum Englisch und kann uns nicht viel erzählen. Wir zelten unter einem Baum zwischen den Feldern.

Die Straße kreuzt die Gleise der Eisenbahn, die durchs riesige Land bis Peking verlaufen. Wir haben das Glück, den ganzen Tag vom Wind nach Osten getrieben zu werden. Wenn wir im Sattel sitzen, scheint es windstill zu sein. Da ist kein Fahrtwind und es ist warm. Sobald wir anhalten, pfeift der kalte Wind durch Jacke und Hose. Der hohe Gebirgszug zur Rechten ist näher gerückt, seine Schneekappen glitzern durch den Dunst. Zur Linken blicken wir auf niedrige Hügelzüge. Wir zelten an einem kleinen See, den wir erst entdecken, nachdem wir bei Bauern um Wasser gebeten haben. Die Dorfbewohner sind immer nett und hilfsbereit. Wahrscheinlich bekämen wir Essen und einen Platz zum Schlafen, wenn wir danach fragen würden. Auf unserem Lagerplatz liegt viel Stroh. Wir schieben einen Haufen unters Zelt, um uns warm zu betten.

Hinter Yunmen rasten wir am nächsten Mittag unterhalb einer kleinen, verfallenen Burg. Der Blick geht weit ins Land. Schneller als erwartet erreichen wir Jiayuguan mit seiner großen Festung, die das westliche Ende der Großen Mauer bildet. Die Festung, ein chinesischer Außenposten, wurde 1372 errichtet. Jiayuguan, 1642 Meter über dem Meer gelegen, bildet den Eingang zum Hexi-Korridor, einer alten Passage für Händler und Soldaten westlich des Gelben Flusses. Das Qilian-Gebirge begrenzt die Passage im Südwesten, die Schwarzen Berge (Hei Shan) des Mazong-Massivs ziehen sich im Norden hin. Nordöstlich der Festung Jiayuguan breitet sich die Wüste Gobi aus, westlich beginnen die Ausläufer der Taklamakan.

Wir kommen direkt an dem Fort vorbei. Zwei Tortürme mit geschwungenen Dächern überragen das mächtige Mauerwerk. Eine niedrige Lehmmauer verläuft bis zum Horizont. Eine trostlose Industriestraße führt in die Stadt hinein. Die Schornsteine qualmen schwarz, Strommasten und Leitungen ragen düster in die graue Luft. Am Busbahnhof halten wir an einem der Stände an und hocken auf der hölzernen Sitzbank, um eine Nudelsuppe zu essen. Die alles durchdringende Kälte frisst sich bis ins Mark. Nach der Mahlzeit biegen wir ins Zentrum ab und kommen im Jiayuguan Hotel unter. Dort läuft die Heizung und wir genießen die Wärme.

Zu Ausflügen in die Umgebung, zu alten Gräbern und zur „Hängenden Mauer", ist es uns zu kalt. Wir radeln lieber weiter. Dunkle Wolkenbänder wallen durch die Morgendämmerung. Auf dem Qilian-Gebirge im Süden liegt Neuschnee. Die aufgehende Sonne vertreibt die Wolken und die Kälte. Jiuquan, ein ehemaliger Militärposten, ist nur 22 Kilometer entfernt. Das Zentrum der Stadt liegt um den alten Trommelturm aus dem 14. Jahrhundert herum, den die Spiegelfassaden eines Warenhauses abbilden. Auf einem mächtigen, gemauerten, von einem Tor durchbrochenen Sockel erhebt sich ein dreistöckiger, eisenroter Holzpavillon mit geschwungenen Dächern in der Mitte eines Kreisverkehrs. Die Trommeln im Inneren wurden einst geschlagen, um den Menschen die Zeit anzusagen. Steinlöwen bewachen neue Pavillons und flankieren eine Seite des Trommelturms. Das Kaufhaus ist modern und geräumig, die Waren liegen – dem Auge wohlgefällig – auf den Spiegelflächen breiter Ladentische aus. In einem kleinen Park entdecken wir uralte Gebäude, die von fein geschnitzten und bemalten Dächern gekrönt sind. Jiuquan hat Flair und ist schöner als die Stadt Jiayuguan.

Wir radeln weiter, zelten an einem Bewässerungsgraben und sitzen am nächsten Morgen früh im Sattel. Schon bald muss David den ersten Platten des Tages flicken, dann den zweiten. Nach dem Mittagessen den dritten. Ein starker, kalter Wind weht von der Seite. Das Radeln ist mühsam. Mit dem schweren, chinesischen Vorderrad ist „Flöhchen" ohnehin nicht mehr so flott wie früher. Wir durchfahren die ausgedehnte Oase von Qinghui. Auf den Dächern der Bauernhäuser lagern Heu und Maisstroh. Mit Blick auf die schneebestäubte Gebirgskette zelten wir hinter Qinghui in der Wüste.

Am folgenden Tag erblicken wir durch unser Fernglas einen Turm, ein Überbleibsel der Großen Mauer, vermuten wir. Er steht abseits in der Wüste, kein Weg führt zu ihm. Weit im Norden zeichnet sich bläulich ein Gebirgszug am Horizont ab, der Altai, der schon zur Mongolei gehört.

Die Straße führt nach Nordosten gegen den kalten Wind. Den Morgen über liegen die Temperaturen um den Gefrierpunkt herum. Viele Felder und Dörfer säumen den Weg, bis wir wieder von Geröll und Sand umgeben sind und schließlich Shajingzi erreichen. Um das alte Dorf entsteht eine neue, boomende Stadt. Wir kaufen Eier und Öl, bauen bald das Zelt auf und bereiten uns zum Abendessen ein Omelett zu. Aus dem nahe gelegenen, von hohen Mauern umgebenen Gehöft kommen ein älterer und ein junger Mann, vermutlich Vater und Sohn, in der Dunkelheit und laden uns ein, bei ihnen zu übernachten. Aber es wäre zu umständlich, jetzt in der Nacht unser Lager abzubauen und umzuziehen.

Die Sonne löst am Morgen die Wolkendecke auf. Als wir Kaffee trinken, tritt ein Mann ans Zelt und redet auf uns ein. Er geht weg und kommt wieder: In der Hand hält er eine Thermoskanne mit heißem Wasser und wir genehmigen uns noch eine Tasse Kaffee, bevor wir aufbrechen. Wir kämpfen mit der Kälte und dem Wind, durchfahren besiedeltes Land und nähern uns Zhangje. Ockerbraunes Gras bedeckt den Boden, auf einmal gibt es viele Flüsschen und Bäche. Nicht weit entfernt ragen die 3600 Meter hohen Longshou Berge auf, die höchsten von ihnen sind schneebedeckt. Das Qilian-Gebirge im Süden verschwimmt im Dunst.

Im Hotel am Busbahnhof zahlen wir 40 Yuan für in ein einfaches, sauberes und warmes Zimmer. Ein Wunder geschieht: Eine junge Frau schließt uns Dreckspatzen die heißen Duschen am helllichten Tag auf. Endlich zeigt sich jemand einfühlsam und weiß, was das Herz eines Fahrradfahrers begehrt.

Zhangje war schon im zweiten Jahrhundert v. Chr. ein Militärposten des Han-Kaisers Wudi an der Seidenstraße. Die heute mittelgroße Stadt besitzt im Zentrum einen Trommelturm aus dem Jahr 1507. Eine neunstöckige Pagode liegt neben dem Tempel des „Langen Lebens", dessen Gebäude mit geschwungenen und fein geschnitzten Dächern gedeckt sind. Nicht weit entfernt liegt der Tempel des „Großen Buddha" mit einem riesigen liegenden Buddha, Buddha Shakyamuni, der ins Nirvana eingeht. Schon Marco Polo erwähnte ihn in seinen Schriften.

Um nach Xining zu gelangen, der Hauptstadt der Provinz Qinghai, müssen wir das hohe Qilian-Gebirge im Süden überqueren. Statt uns mit den Fahrrädern durch die Berge zu quälen, wollen wir den Bus nehmen. Am Busbahnhof hält der Schalterbeamte uns einen in Englisch verfassten Wisch unter die Nase: Ausländer müssen in der Provinz Gansu, in der wir uns gerade befinden, eine Unfallversicherung abschließen, wenn sie mit dem Bus

Winter in Nordchina

fahren wollen. David zieht seinen Sozialversicherungsschein aus der Tasche. Den will der Mann nicht akzeptieren. Da muss schon ein chinesisches Papier her. Im großen Zhangje-Hotel schließen wir die Versicherung ab und erhalten am Busbahnhof unsere Fahrkarten für die 360 Kilometer lange Strecke nach Xining.

Durch das Qilian-Gebirge nach Xining
360 Kilometer mit dem Bus

Es ist noch dunkel, als wir mit unseren Fahrrädern am Busbahnhof stehen. Wir verladen die Fahrräder und das Gepäck auf dem Dach des Busses und steigen ein. Der voll besetzte Bus verlässt die Stadt in der Morgendämmerung kurz nach sieben Uhr. Eineinhalb Stunden fahren wir auf das Qilian-Gebirge zu und erreichen Minie, den letzten großen Ort, bevor wir in die Berge hineinfahren. Die mit Büschen bewachsenen und schneebestäubten Nordhänge liegen vor uns. Die Flüsse sind zu einem Rinnsal geschrumpft und weiter oben, durch und durch, zu Eis gefroren. Auf einer Schotterpiste erreicht der Bus schnaufend und tief brummend den ersten 3800 Meter hohen Pass. Ein weites, gelbes Steppenplateau, eingerahmt von leichten, lichten Bergketten, dehnt sich in der Senke unter uns aus. In einem Ort essen wir in einem Straßenrestaurant zu Mittag. Draußen ist es trotz des Sonnenscheins eiskalt. Der mit Kohle befeuerte Ofen in der Mitte des Raumes kommt gegen die Kälte nicht an. Wir stellen unsere Mahlzeit auf die Platte und rücken so nah wie möglich an die Wärmequelle, um nicht zu erfrieren, und mit klammen Fingern greifen wir zu den Essstäbchen. Ein großer Teller Reis mit grünem Gemüse und in Wasserdampf gedämpfte Brötchen wärmen wenigstens den Magen. In dem kahlen Raum stehen hohe und niedrige Tische unordentlich herum, einige umgeben von Holzbänken, andere von Hockern. Die Mahjongsteine auf einigen Tischen erzählen von der Spielleidenschaft der Dorfbewohner.

Der Bus fährt weiter und erklimmt den zweiten, diesmal 4000 Meter hohen Pass auf dem Weg nach Xining. Die Piste fällt steil hinunter in ein gelbes Flusstal. Schöne Dörfer liegen am Weg, die ockerbraunen Häuser sind mit Lehmziegeln gedeckt. Backsteinpfosten mit kleinen, geschwungenen Dächern rahmen die Pforten in den Mauern ein.

Es wird dunkel. Wir halten in einer Stadt am Fuß des Qilian-Gebirges. Wir glauben, wir hätten unser Ziel erreicht, doch wir sind erst in Datong. 40 Kilometer trennen uns noch von Xining. Auf einer mit Schlaglöchern übersäten Straße holpern wir an Fabriken und Dörfern vorbei. Die Fahrt scheint kein Ende zu nehmen. Erst abends um neun Uhr sind wir da und steigen mit steifen Beinen aus dem Bus. In einem Rundbau gegenüber vom Busbahnhof befindet sich das Yong Fu Hotel. Die Rezeption glänzt einladend. Die jungen

Angestellten des Hotels sind begeistert von den Fahrrädern, und ein junger Mann ergreift mein mit zwei Radtaschen beladenes „Flöhchen" und schleppt es durch ein breites, schmutziges Treppenhaus hinauf in den fünften Stock. Wir betreten ein klitzekleines Zimmer, in dem wir uns kaum umdrehen können, denn die Fahrräder nehmen viel Platz weg. Der Raum riecht muffig. Die Sprungfedern in den Betten springen nicht mehr. Im Bad tropft die Dusche ständig, ich werde nass, wenn ich auf der Toilette sitze. Heißes Wasser gibt es ab neun Uhr abends. So können wir wenigstens duschen. Die leuchtende Eingangshalle – nur Fassade! Am nächsten Morgen beschwere ich mich über das Zimmer und wir bekommen ein größeres mit Blick auf den Fluss und die Berge für denselben Preis. Erst jetzt können wir anfangen, unsere Kleidung zu waschen. Wir brauchen eine Woche, um die dicken Jacken und Plüschhosen zu trocknen.

In dem Rundbau ist außer dem Hotel ein Warenhaus untergebracht. In den oberen Etagen werden Textilien angeboten, unten stapeln sich auf den Tischen Zigarettenstangen, mindestens eintausend Kartons, daneben Pakete mit Trockenfrüchten.

Ich gehe zur Post und sehe in einem Glaskasten auf einem Stapel einen Brief mit meinem Namen. Darunter sind zehn weitere für mich. David kann sich auch nicht beklagen. Der Paketschalter ist gegenüber. Gespannt frage ich, ob das Paket da sei. Es ist da! Im Hotel machen wir es gespannt auf. Die Reifen sind unversehrt und passen! Das chinesische Vorderrad gebe ich an der Rezeption ab. Vielleicht finden sie jemanden, der es noch gebrauchen kann. Glücklich treffen wir alle Vorbereitungen, um unsere Fahrradtour entlang der Seidenstraße fortzusetzen. Wir bringen die Räder in Ordnung und schreiben Weihnachtsgrüße.

Xining liegt 2275 Meter hoch. Qinghai, doppelt so groß wie Deutschland, gehörte einst als Distrikt Amdo zu Tibet. In den Dörfern dieser Provinz leben überwiegend Tibeter, während Han-Chinesen, angelockt durch Zulagen, nach Xining einwanderten. Mitte des 20. Jahrhunderts haben die Chinesen Tibet erobert. Es war das erklärte Ziel der Kommunisten, durch diese Art der Siedlungspolitik die tibetische Kultur zu untergraben. Doch trotz der brutalen Unterdrückung haben die Tibeter ihre Traditionen bewahrt. Von Weitem erkennen wir sie an ihrer Kleidung, an ihren Wollgewändern mit den weiten und langen Ärmeln. Die moslemischen Hui, die in der Hauptstadt Qinghais leben, sind Markthändler und oftmals Restaurantbesitzer. Sie beherrschen das Geschäftsleben in Xining.

Gelbes Land am Gelben Fluss
230 Kilometer mit dem Fahrrad, 610 Kilometer mit dem Bus

Von Xining über Lanzhou nach Dingxi

Neu bereift surrt „Flöhchen" die Straße entlang. Die kahle Bergwelt zu beiden Seiten des Tals verschwimmt im Smog. Die Äste der blattlosen Bäume stechen schwarz in den Himmel, die braunen Erdschollen der umgepflügten Felder schimmern kalt in der winterlichen Luft. Wir folgen zunächst einem Nebenfluss des Gelben Flusses, den wir in Lanzhou erreichen werden.

Am Rande des Ortes Ledu halten wir an, um Wasser zu besorgen. Die Einwohner steigen ein Stück in den Brunnen hinab und schleppen die gefüllten Eimer an einem Schulterstab in ihre Häuser. Unten in dem engen Brunnen steht ein Mann, bedient den Wasserhahn, füllt die Behälter und unsere Wassersäcke. Auf glitschigen Stufen taste ich mich zurück ans Tageslicht. Wir finden einen Seitenweg und zelten in einem Wäldchen. Die Nacht wird nicht so kalt wie in der Wüste. Nach unserer Erfahrung mit der schlechten Betten im engen Hotelzimmer Xinings schlafen wir herrlich auf unseren Matten.

Am nächsten Morgen fahren wir weiter das Tal hinunter. Es verengt sich und wir erklettern die mit Feldern und Weiden bedeckten Steilufer. Mit Plastikbahnen abgedeckte Gewächshäuser stehen im Gelände, die gelben Strohmatten sind tagsüber eingerollt. Als wir uns dem Industrieort Shangchuankou nähern, verfinstert sich die Sonne. Grau und machtlos hängt sie hinter dem Schmutzvorhang der Industriestadt. Der stinkende Smog lastet auf der Stadt und den Fabriken. Die Fahrt durch dieses miefige Elend dauert etwa eine Stunde, wir radeln und radeln und kriegen kaum Luft. Die Abenddämmerung setzt bereits ein. In der Nähe der Eisenbahn zwischen Feldern finden wir einen Platz für die Nacht.

Wenn die Füße erst warm geworden sind, macht mir die gleichbleibende Winterkälte nicht mehr viel aus. Aus dem grauen Himmel wehen heute ein paar Schneeflocken. In einem Straßenrestaurant serviert uns die Kellnerin zum Aufwärmen eine schmackhafte und gehaltvolle Nudelsuppe mit Chinakohl und gekochten Eiern. Sie stellt die Schale nicht auf den Tisch, sondern auf den bullernden Kanonenofen, an den wir unsere Hocker rücken. Die Füße bleiben warm. Nach dem Essen holpern wir mit unseren Rädern über die Wellen des Asphalts, die vermutlich vor ein paar Monaten in der Sommerhitze entstanden sind, als das Land glühte. Wir versagen uns das Preschen bergab.

Den ganzen Tag über klart es nicht auf. Die Luft ist eisgrau und kalt. Wir durchfahren Hekon und erreichen bald darauf den ersten Teil von Lanzhou, der Hauptstadt der Provinz Gansu. Breite Radwege säumen die Straße, gefahrlos gelangen wir in den mittleren Teil der Stadt. Vor einem großen, modernen Warenhaus mit goldener Fassade halten wir an. Gegenüber blinken die Schriftzeichen des Friendship Hotels. Es sieht so luxuriös aus, dass David gar nicht nach den Preisen fragen will. Ich gehe und erkundige mich. Es gibt auch preiswerte Zimmer. Im hinteren Gebäude ziehen wir in ein Dreibettzimmer ein. Es ist hell und freundlich und unter anderem mit einem langen Schreibtisch ausgestattet, auf dem ein Fernseher steht. An einer Wand befindet sich ein Waschbecken mit fließendem Wasser, auf dem Boden liegt ein Teppich, die Lampen verbreiten angenehmes Licht. Die Toiletten auf dem Flur sind pieksauber, es gibt sogar Toilettenpapier! Die Duschen befinden sich im siebten Stock. Zwei Aufzüge im Haus bringen die Gäste an Ort und Stelle, für das Gepäck steht ein Trolley bereit.

Lanzhou liegt am Gelben Fluss, dem mit 6464 Kilometern zweitlängsten Strom Chinas nach dem Jangtse. Der Huang He, wie ihn die Chinesen nennen, durchfließt die bis zu 400 Meter dicken Lössschichten Nordchinas und schwemmt riesige Mengen der feinen, gelben Erde mit sich fort, Flugstaub, der aus den Wüsten und Steppen Zentralasiens herüberweht. Die Staubmassen, die das fließende Wasser mit sich reißt, setzen sich in der langsamer werdenden Strömung des Mittellaufs ab und so bildete sich im Laufe der Zeit der „Hängende Fluss": Bis zu zehn Meter hohe Deiche rahmen das Flussbett ein und sollen die Wassermassen zähmen. Immer wenn einer bricht, verwüstet das Wasser das umliegende Land und bringt Tod und Verderben über seine Anwohner.

Lanzhou liegt gut 1500 Meter über dem Meeresspiegel. Kilometerlang ziehen sich die tristen Häuserkästen durch das Tal des Gelben Flusses. Trotz der 2000-jährigen Geschichte dieses Umschlagplatzes an der Seidenstraße gibt es nur wenige Sehenswürdigkeiten. Die Schlote der Fabriken verursachen den Smog, der über der Stadt hängt. Vegetationslose Gebirgskämme rahmen den Strom ein. Häuser, Straßen und Berge verschwimmen im Dunst.

Wir besuchen den „Weißen Pagodenpark" am Nordufer des Gelben Flusses. Pavillons säumen den Weg den Hang hoch, Wandelgänge durchziehen den Park. Die „Weiße Pagode" steht auf einer Hügelspitze und beherbergt

Lanzhou am Gelben Fluss, Lösslandschaft, Gansu

die Asche eines tibetischen Mönchs, der in der Yuan-Zeit (1279 – 1368) lebte und auf seinem Weg von Lhasa zum Mongolenhaus Karakorum in der Mongolei hier starb. Die Pagode wurde während der Ming-Dynastie (1368 – 1644) zerstört und später wieder aufgebaut. Zum „Fünfquellenpark" laufen wir durch ein altes Viertel mit niedrigen Lehmhütten und engen Gassen. Wie der „Pagoden-Park" zieht er sich mit schönen Hallen und Pavillons am Hang hoch.

Die Leute vergnügen sich auf der Promenade am Fluss. Sie spielen Mahjong, das chinesische Brettspiel, lassen sich auf einem Kamel fotografieren oder von einem Wahrsager mit drei Münzen, die auf dem Yin-Jang-Symbol liegen, ein Orakel erstellen.

Trotz der Winterkälte schwingen wir uns wieder auf die Fahrräder. Nach einigem Umherirren finden wir die Ausfallstraße aus der Millionenstadt hinaus. Sie führt steil hinauf auf 2000 Meter Höhe. Der Gelbe Fluss mit seinen hohen, zerklüfteten Ufern biegt nach Norden ab, während wir der Straße weiter nach Osten folgen. Die Menschen haben Tafelberge und Erhebungen im Laufe der Jahrhunderte zu einer Terrassenlandschaft umgeformt, jeder Krümel Löss wird bepflanzt.

In den Dörfern gucken wir in freundliche Gesichter. Ein Mann bietet uns Zigaretten an. An einer Tonne mit Wasser füllen wir unsere Behälter und verschwinden zum Zelten auf einen Seitenweg. Schon bei Sonnenuntergang sinken die Temperaturen auf zehn Grad unter Null. Unser Trinkwasser gefriert jetzt schon am Rand. Am Morgen sind Zelt und Räder mit Eiskristallen überzogen. Wir frühstücken lange und ersehnen die Wärme der Sonne.

35 Kilometer vor Dingxi stehen wir vor einem Tunnel durch den Berg. Am Straßenrand prangt ein Schild: Der Durchgang ist für Fußgänger, Eselskarren und Fahrräder gesperrt. Im Wachhäuschen auf der Mitte der Straße sitzt ein Bediensteter. Er grüßt und kümmert sich nicht weiter um uns, als wir in die Pedale treten und uns zielstrebig der verbotenen Durchfahrt nähern. Dann sind wir im Tunnel. Wir tasten uns durch die Dunkelheit und sind froh, als das Tageslicht in der Ferne auftaucht.

Auf der Strecke ist wenig Verkehr, und weit und breit kein Restaurant in Sicht. Wir kochen Tee und Reispudding, sitzen in der Sonne und können die Kälte ertragen, weil kein Wind weht. Der zurzeit vereiste Wei-Fluss hat sich senkrecht in die Landschaft gegraben. Die Felder an den Hängen der Terrassenberge sind gepflügt und geeggt und leuchten gelb.

Im Industrieort Dingxi kommen wir in einer einfachen Herberge am Busbahnhof unter. Im Zimmer ist der Kanonenofen an. Warmes Wasser zum Waschen bringt uns der Wirt in zwei Eimern. Das Plumpsklo befindet sich auf dem Hof. Die Zimmer liegen zu ebener Erde, wir schieben die beladenen Fahrräder einfach neben die Betten und setzen uns, um Tee zu trinken. – David ist stark erkältet und deshalb beschließen wir, den Bus zu nehmen.

Von Dingxi über Pinglian nach Xi'an
609 km mit dem Bus

Alles ist einfach, wenn man in der Dunkelheit eines kalten Morgens schon am Busbahnhof ist. Die Angestellten sorgen sich um uns. Eine Frau bringt uns in den Gepäckraum, schiebt mir einen Hocker zum Sitzen hin und bedeutet uns zu warten. Wir zahlen für Fahrräder und Taschen, schieben eine Rampe hinauf und verladen unser Hab und Gut in aller Muße oben auf dem Dach des Busses. Alle Passagiere finden Platz. Noch in der Dunkelheit fährt der Bus ab. Es zieht durch jede Ritze. Alle frieren in der erbärmlichen Kälte.

Die Straße führt bergan und folgt einem Bergrücken, auf dem Kiefern und Laubbäume wachsen, teilweise zu Wäldchen gruppiert. Vom „Yellow Ridge Parkway" haben wir einen weiten Blick über die geschwungenen, weichen und terrassierten Berge aus Löss, in die die Menschen Höhlenwohnungen geschlagen haben, um keine Nutzfläche zu verschenken. Fasanen und Kaninchen hängen vor den Läden zum Verkauf.

Der Ort Jingning liegt in einem Flusstal. Wir sind überrascht, den Bus wechseln zu müssen. Der Fahrer hält dicht neben dem neuen Vehikel und problemlos verladen wir Räder und Gepäck auf dem Nachbardach. Ich laufe schnell zu einem Stand und besorge gefüllte Teigtaschen und gekochte Eier zum Mittagessen.

Steil führt die Straße aus dem Tal hinauf auf ein Plateau, das Bergketten umschließen. Plötzlich umfängt uns eine Bergwelt mit Felsen, Steinen, karger Vegetation und aufgeforsteten Steilhängen: das Liupan-Gebirge, das wir auf dem Weg nach Pingliang überwinden müssen. Die Bergstraße führt an Abgründen vorbei auf den knapp 3000 Meter hohen Pass, den ein Pavillon krönt. Genauso steil fällt die Straße nach Pingliang ab. Wir verlieren rund 1500 Höhenmeter, trotzdem bleibt es auch im Tal eiskalt.

Im ersten Stock des Bahnhofshotels bekommen wir ein Doppelzimmer, in dem ein mit Kohle beheiztes Kanonenöfchen Wärme ausstrahlt. Einem Tank am Ende des Ganges entnehmen wir heißes Wasser für Tee und zum Waschen, am anderen Ende des Ganges befinden sich die Klosetts mit Wasserspülung. Zwei der Angestellten bedeuten uns, dass wir niemandem die Zimmertür öffnen sollen. Die Scheibe in der Tür hängen sie mit einem Laken zu. Wir bleiben einen Tag und der Herbergsvater bringt uns Kohle zum Heizen.

Unten im Restaurant werden wir freundlich begrüßt. Eine junge Familie mit zwei Kindern, einem Jungen und einem Mädchen, führt es. Wir sitzen an Lacktischchen mit Perlmutteinlage. Bevor wir essen, bietet der Wirt uns Zigaretten an. In einer Ecke betreiben Vater und Mutter außerdem ein Lädchen. David kauft einen Füller und schenkt ihn dem siebenjährigen Jungen, weil der so schön Pinyin schreiben kann, die Übertragung der chinesischen Wörter in lateinische Buchstaben. Der Dank der Eltern kennt keine Grenzen: Für die Weiterreise schenken sie uns ein gegrilltes Huhn und eine große Tüte voller dicker Äpfel.

Zehn Stunden rollen wir am nächsten Tag durch eine graue, verhangene Winterlandschaft. Wir decken die Daunenschlafsäcke über uns und entwischen dadurch der schlimmsten Kälte. Die Straßen werden breiter, der Verkehr und die Besiedlung nehmen zu, als wir uns Xi'an nähern, der Hauptstadt der Provinz Shaanxi. Die Stadt liegt nur noch fünfhundert Meter hoch. Es ist wesentlich wärmer, dafür nasskalt. Statt am Busbahnhof setzt uns der Fahrer mitten in der Stadt in der Nähe eines feudalen Hotels ab. Es ist dunkel, Schneeregen fällt vom Nachthimmel. Wir fahren am Hotel mit den vielen Sternen vor, um nach einer preiswerten Unterkunft zu fragen. Der Portier in glänzender Livree führt uns zur Rezeption, wo uns der Angestellte ein Zimmer zum halben Preis anbietet, wirklich generös! Aber es ist uns immer noch zu teuer. Ein Hotel in der Nähe ist billiger, dafür sind die Leute unfreundlich. Unsere kostbaren Fahrräder sollen wir irgendwo auf dem Hof abstellen. Kommt nicht infrage! Wir fahren weiter durch die ungemütliche und nasse Nacht und finden schließlich das Sheng Li Hotel an der südlichen Stadtmauer. Das überteuerte Zimmer ist kalt, denn der Heizkörper ist zu klein für den Raum. Die Duschen sind schon abgestellt, dabei ist es erst halb zehn. Am nächsten Morgen ziehen wir in ein geräumigeres Dreibettzimmer um, das sogar ein bisschen billiger ist. Der Heizkörper versagt völlig, dennoch ist das Zimmer wärmer, weil es geschützt im Gebäudetrakt liegt. Der Service ist unfreundlich.

Xi'an, alte Kaiserstadt und östliches Ende der Seidenstraße

Xi`an liegt am Wei-Fluss, einem großen Nebenfluss des Gelben Flusses. Elf der chinesischen Dynastien verlegten ihre Residenz in diesen fruchtbaren Landstrich, in dem sich schon im 5. Jahrtausend vor unserer Zeitrechnung Menschen niederließen, Hirse anbauten, Fische aus dem Fluss fingen und schön verzierte Keramiktöpfe herstellten.

Der erste Kaiser Chinas, Kaiser Qin Shihuangdi, der „Erste Göttliche Erhabene", (259 v. Chr. – 210 v. Chr.) vereinte die damals sieben gegeneinander streitenden Reiche und begründete die Qin-Dynastie (221 v. Chr. – 206 v. Chr.). Er residierte in Xianyang, ein paar Kilometer vom heutigen Xiàn entfernt. Mit dreizehn Jahren bereits dachte er angstvoll an die Endlichkeit seines Lebens und begann mit dem Bau eines Mausoleums, in dem seine sterblichen Überreste einmal ruhen sollten. Eine Terrakottaarmee, achttausend überlebensgroße Soldaten, versehen mit edlen Pferden, Streitwagen und Waffen, sollte ihn auch im Jenseits bewachen und schützen. Zehntausende Keramikbauer waren 36 Jahre lang am Werk.

Die in Schächten aufgestellten tönernen Soldaten wurden 1974 zufällig entdeckt. Die Archäologen gerieten angesichts der Monumentalität und Pracht der Anlage aus dem Häuschen und begannen mit den Ausgrabungen. Die Terrakottaarmee des ersten Kaisers von China war bald in aller Munde und ihr Besuch fehlt vermutlich in keinem Reiseprogramm einer Chinareise.

Auch am Ausbau der 6350 km langen Großen Mauer ist Kaiser Qin Shihuangdi maßgeblich beteiligt. In seinem Bau-Wahn zwang er die Bauern seines Landes zur Fron und riss die Familien auseinander. Der verhasste Tyrann ließ 400 konfuzianische Gelehrte hinrichten, als diese protestierten. Er duldete nicht den leisesten Widerspruch und beging einen Frevel, den die Menschheit niemals vergisst: Er verbrannte die Bücher der Gelehrten, darunter philosophische Schriften und literarische Werke von unschätzbarem Wert. Er wollte jede Kritik unterbinden, eigenständiges Denken war ihm verhasst.

Neben den Untaten des Despoten dienten einige seiner Aktionen aber auch dem Wohle des Volkes: Der Kaiser baute Überlandstraßen und Kanäle, er führte eine einheitliche Schrift und eine einheitliche Währung ein. Die ersten chinesischen Münzen wurden geprägt, die Maße von Längen und Gewichten festgelegt und die Achsenbreite der Wagen wurde bestimmt. Die damalige Reform der Schrift hat sich bis heute in den Grundzügen erhalten.

Als die Han-Dynastie (206 v. Chr. – 220 n. Chr.) die Qin-Dynastie (221 v. Chr. – 206 v. Chr.) ablöste, erbaute sie die Stadt Chang`an am südlichen Wei-Ufer in der Nähe des heutigen Xi`an. Die „Stadt des immerwährenden Friedens" entwickelte sich zur Metropole und war für fast 400 Jahre das politische und kulturelle Zentrum des chinesischen Reiches. Sie bildete den östlichsten Punkt der Seidenstraße und bedeutete das Tor zur Welt.

Im 6. Jahrhundert, als die Han-Dynastie längst vergangen und der Ruhm der Weltstadt verblasst war, zogen die Kaiser der Tang-Dynastie (617 n. Chr. – 907 n. Chr.) nach Chang`an und belebten die Stadt erneut. Eine Millionenstadt entstand, das Tang-Imperium weitete sich bis nach Zentralasien und Südsibirien aus.

Die Epoche der Tang gilt als das Goldene Zeitalter in der Geschichte Chinas. Die Herrscher förderten Kunst und Kultur, der Buchdruck und auch das Schießpulver wurden erfunden. Die dreifarbige Keramik, glasierte Figuren, Reiter und Rösser, vergisst man ihrer ausgewogenen und harmonischen Formen wegen nie wieder, wenn man sie einmal gesehen hat. Die Dichter Li Bai und Du Fu lebten im 8. Jahrhundert und hinterließen Gedichte, die auch im Westen übersetzt wurden. Der Buddhismus breitete sich aus und der kaiserliche Hof begünstigte den Bau von Klöstern. Im Tang-Reich und an der Seidenstraße entstanden in Felswände gemeißelte Gruppen buddhistischer Höhlentempel, die die Künstler der damaligen Zeit, Maler und Bildhauer, aufs Feinste gestalteten.

Viele der geschichtlichen Überreste der alten Kaiserstadt, heute Xi`an genannt, stammen aus der Ming-Zeit (1368 – 1644): Die Stadtmauer mit ihren vier Toren, dem Nord-, Süd-, Ost- und Westtor, ist 13,6 km lang und umschließt die Innenstadt. Ihre Höhe beträgt 12 m, ihre Mauerkrone besteht aus einer 12 m breiten Straße.

Der Glockenturm am Kreuzpunkt der Straßen, die in gerader Linie zu den Toren der Stadtmauer hinführen, ist eines der Wahrzeichen der Stadt. Er steht mit seinen drei Stockwerken und geschwungenen Dächern auf einem quadratischen, von Toren durchbrochenen Sockel. Wenn damals die Glocke des Glockenturms am frühen Morgen läutete, ließ man die Zugbrücken vor der Stadt hinunter und die Bewohner konnten hinaus- und hineingehen. Die Glocke des Trommelturms in der Nähe, auf einen rechteckigen Sockel gesetzt, schlug man jeden Abend an und gab damit das Zeichen, die Stadt zu sichern und die Tore abzuschließen; man zog die Zugbrücken hoch und niemand hatte mehr Zutritt zur Stadt.

Das alte Xi`an, Shaanxi

Mit dreizehn Stockwerken erhebt sich die Kleine Wildganspagode inmitten eines Parks dreiundvierzig Meter hoch in den blauen Himmel. Der ockerfarbene Ziegelbau, ein Bauwerk der Tang-Kaiserin Wu Zetian zum Gedenken an ihren verstorbenen Gemahl, verjüngt sich nach oben und zeichnet eine geschwungene und elegante Linie in den Himmel. Die auskragenden Vorsprünge schließen die einzelnen Geschosse ab und strukturieren den Bau. Ein stiller Park umgibt die Kleine Wildganspagode.

Die Große Wildganspagode, berühmt wie ihre kleine Schwester, entstand im Jahr 652 und ist die ältere. Mit ihren sieben Stockwerken ragt sie 73 Meter hoch und wirkt gedrungen und wuchtig gegenüber der Kleinen Wildganspagode. Kaiser Gaozong veranlasste ihren Bau, als der Mönch Xuanzang aus Indien zurückkehrte und eine Bibliothek buddhistischer Schriften mitbrachte, die nun ihren Platz in der Großen Wildganspagode fand. Im Tempel nebenan, dem „Tempel der Großen Gnade und Güte", übersetzte Xuanzang mit seinen Schülern die Sanskrit- und Pali-Texte ins Chinesische. Der Tempel umfasste einst dreizehn Höfe, rund 3000 Mönche aus dem In- und aus dem Ausland lebten und studierten hier.

In Xi`an gibt es auch die „Qing Zhen Si", die Große Moschee neben einer kleineren. Sie stammt aus dem 8. Jahrhundert, das Hauptgebäude aus dem 14. Jahrhundert. Das Besondere: Sie ist in chinesischem Stil erbaut und mutet wie ein chinesischer Tempel an. Die grauen oder blaugrünen Dächer der Gebäude und der Pavillons schwingen in den Himmel, ein steinernes, mit Mustern durchbrochenes Band ziert den First, runde Schmucksteine besetzen die auslaufenden Rippen der Ziegeldächer.

Durch ein hölzernes chinesisches Tor betritt man den Komplex. Verzierte Mauern grenzen mehrere Höfe ab. Die Gebetshalle im letzten Hof ist aus Holz erbaut, ihre Decke bemalt. Pavillons stehen in den Höfen, einer davon dient als Minarett Gläubige kommen zum Gebet in die Moschee und knien nieder auf den Teppichen. Rund um die Moschee wohnen die Muslime in niedrigen Lehmhäusern.

An der Moschee in Xian, Shaanxi

Die Ausgrabungsstätte der Terrakottaarmee liegt außerhalb von Xi`an. Die tönernen Soldaten stehen in Reih und Glied in langen, endlosen Reihen hintereinander aufgereiht in ihren Gräben. Sie blicken alle nach Osten zum eineinhalb Kilometer entfernten, noch nicht geöffneten Königsgrab. Der Realismus, mit dem die stattlichen Figuren dargestellt sind, ist frappierend. Sie tragen unterschiedliche Gesichtszüge, man sieht runde und ovale Gesichter und längliche Profile. Die gesamte Armee, mit der der Kaiser das Reich vereinte, ist in Ton geformt. Die Soldaten waren bemalt. Der Fund sorgte in der Fachwelt für Verblüffung und für maßloses Staunen bis hin zur Sprachlosigkeit, denn der Kaiser hatte sein Vorhaben mit keinem Wort in seinen Aufzeichnungen erwähnt.

1982, als ich das erste Mal durch das Reich der Mitte reiste, waren die Eintrittsgelder im ganzen Land niedrig, kaum der Rede wert. Das hat sich geändert. Die europäisch anmutenden Preise stehen in keinem Verhältnis zum niedrigen Lebensstandard seiner Bürger. Ein Bauer oder ein einfacher Arbeiter wird sich den Besuch der Terrakottaarmee nicht leisten können.

Wir gehen in das Historische Museum der Provinz Shaanxi, das 1991 eröffnet wurde und einem modernen Museum alle Ehre macht. Wir bewundern die Ausstellungstücke, die alle Dynastien präsentieren. Zu den ältesten Exponaten gehören bronzene Gefäße und eiserne Geräte zur Feldbestellung aus der Zhou-Zeit. Grabbeigaben aus der Han-Zeit, Tonfiguren und tönerne Hausmodelle sind weitere Glanzstücke. Die Keramiken der Tang-Zeit und das feine Porzellan der Ming-Zeit sind vertreten, Textilien und vieles mehr.

Weihnachten 1994 verbringen wir am heiligen Berg Hua Shan, 120 Kilometer von Xi'an entfernt. Er ist einer der fünf mythischen Berge der Taoisten und soll landschaftlich der schönste sein. Als wir dort ankommen, liegt der Berg verhüllt in Wolken, ein Aufstieg lohnt sich nicht. In Eiseskälte übernachten wir in einer Herberge am Fuß des heiligen Berges. Einen Kanonenofen gibt es nicht, dafür eine Schale mit glühenden Briketts. Wir können uns gerade einmal die Hände darüber wärmen. Wir verbrennen Papier. Rasch ist der Raum voller Rauch. Die Augen tränen, wir husten und spucken. Wärmer geworden ist es nicht.

Am nächsten Morgen fahren wir zurück nach Xi'an und buchen einen Flug nach Hongkong. Ein Reisejahr liegt hinter uns. Es wird Zeit, nach Arbeit zu suchen, um Geld zu verdienen und die Reisekasse wieder aufzufüllen. In Hongkong wollen wir unser Glück versuchen. Am 2. Januar 1995 werden wir fliegen.

Das „Tor zur Welt", der Beginn der Seidenstraße in Xi`an, Shaanxi

Unser letzter Besuch in Xi'an gilt einem Denkmal, das den Beginn der Seidenstraße markiert, das „Tor zur Welt". Eine in Sandstein gehauene Karawane erinnert an den Mann namens Zhang Qian, der 139 v. Chr. vom Westtor der Stadt Chang'an, dem damaligen Xi'an, nach Westen aufbrach. Beauftragt von Kaiser Wu, sollte er auf seinem Weg Verbündete gegen die Hunnen gewinnen und die Grenzen des Reiches sichern. Er drang bis Zentralasien vor und kehrte nach dreizehn Jahren siegreich von seiner Mission zurück. Er hatte das Imperium gefestigt und eine Karawanenroute vom Osten bis in den fernen Westen geschaffen. Der Handel blühte auf. Die Waren wurden in Etappen von Händler zu Händler weitergereicht: Gewürze, Zucker, Pelze, Felle, Edelsteine, Keramiken, Teppiche. Marco Polo legte im 13. Jahrhundert die gesamte Strecke zurück, mehr als zehntausend Kilometer. Seide aus China war begehrt und gelangte bis nach Rom. Der feine, glänzende und luftige Stoff gab der länderübergreifenden und verzweigten Route Ende des 19. Jahrhunderts ihren Namen, die Seidenstraße, der wir für Tausende Kilometer gefolgt sind, durch Wüsten, Gebirge und über hohe Pässe, begleitet von der Hitze des Sommers und der Kälte des Winters.

Anhang

Die Routen im Überblick:

(2. Februar 1994 bis 2. Januar 1995)

Indien:

Gujarat: Mumbai, Bhiwandi, Nashik, Rajpipla, Champaner:
845 Kilometer mit dem Fahrrad

Rajasthan: Udaipur, Ranakpur, Ajmer, Pushkar, Shekawati Jaipur:
845 Kilometer mit dem Fahrrad

Uttaranchal, Himachal Pradesh, Punjab:
Ranikhet, Pithoragarh, Munsyari, Bageshwar, Badrinath, Rishikesh, Amritsar:
1045 Kilometer mit dem Fahrrad, 425 Kilometer mit dem Bus

Indien:
2735 Kilometer mit dem Fahrrad, 425 Kilometer mit dem Bus

Pakistan:

Lahore, Islamabad, Rawalpindi, Taxila:
100 Kilometer mit dem Fahrrad, 275 Kilometer mit dem Bus

Der Karakorum Highway:
Rawalpindi, Gilgit, Karimabad, Passu, Sust, Khunjerab-Pass:
600 Kilometer mit dem Bus, 280 Kilometer mit dem Fahrrad

Pakistan:
380 Kilometer mit dem Fahrrad, 875 Kilometer mit dem Bus

China

Der Karakorum Highway:
Khunjerab-Pass, Tashkurgan, Karakul-See, Kashgar:
420 Kilometer mit dem Fahrrad

Auf der Südroute um die Taklamakan-Wüste in Xinjiang:
Kashgar, Hotan (Khotan, Hetian), Minfeng (Niya), Qiemo (Cherchen), Ruoqian (Charklik), Korla, Ürümqi:
540 Kilometer mit dem Fahrrad, 1780 Kilometer mit dem Bus

Auf der Nordroute um die Taklamakan-Wüste in Xinjiang und Gansu:
Ürümqi, Turfan, Hami, Dunhuang, Jiayuguan, Zhangje:
1000 Kilometer mit dem Bus, 640 Kilometer mit dem Fahrrad

Durch die Provinzen Qinghai, Gansu, Shaanxi:
Zhangje, Xining, Lanzhou, Dingxi, Pinglian, Xi`an:
1070 Kilometer mit dem Bus, 230 Kilometer mit dem Fahrrad

China:
1830 Kilometer mit dem Fahrrad, 3850 Kilometer mit dem Bus

Insgesamt:
4945 Kilometer mit dem Fahrrad und 5150 Kilometer mit dem Bus

Moschee in Ajmer, Rajasthan, Indien

Im Hunza-Tal, Karakorum Highway, Pakistan

Stempelschnitzer in Xi`an, Shaanxi, China

Dank

Mein Dank gilt Brunhilde Hester, Carmen und Uli Schäffer für ihre Korrekturen. Sie standen mir mit Rat und Tat zur Seite.

Isa Schikorsky aus Köln, www. stilistico.de, übernahm das Lektorat. Sie machte viele Verbesserungsvorschläge, die ich gerne umsetzte. Danke dafür!

Ganz besonders danke ich all jenen Menschen, die uns in Indien, Pakistan und China willkommen hießen. Danke für ihre Anteilnahme an unserer Fahrradtour und die vielen Beweise ihrer Gastfreundschaft.

Weitere Bücher der Autorin:

Mechthild Venjakob
Buddhistische Heiligtümer in Asien
Die Ausbreitung einer uralten Lehre
Entdecken Sie buddhistische Klöster, Schreine, Berge, Höhlen und Seen in zehn Ländern Asiens.

Die Autorin hat alle im Buch vorgestellten Orte in drei Jahrzehnten selbst besucht und fotografiert. Passend zum Besuch einer heiligen Stätte stellt sie die Inhalte der buddhistischen Lehre kurz und prägnant dar. Persönliches Erleben verbindet sie mit der Geschichte und Religion der Länder. Ihre Fotografien fangen die Schönheit der Plätze und Landschaften ein.

Mechthild Venjakob
Ein gehimnisvolles Land öffnet seine Pforten
Chinareise – mit einem Abstecher nach China
Die Ära Mao Zedongs war vorüber. China befand sich im Umbruch. Die Autorin schildert ihre Begegnungen mit Menschen in Zügen, auf Straßen, in Restaurants und Hotels und beschreibt viele der großen Sehenswürdigkeiten. Es entsteht ein facettenreiches Bild über das Reich der Mitte, in dem der Kommunismus nur ein Teilstück ist.
Ein Abstecher führt nach Lhasa, der Hauptstadt Tibets. Die Region hatte sich für Einzelreisende gerade geöffnet.
Der Leser erfährt viel über das neue und das alte China.

www.asienreise-indien-china.com